HOW TO 花贈り

気持ちを花にのせて

フラワーバレンタイン推進委員会 編

朝日出版社

Introduction

「なぜ日本の男性は女性にもっと花を贈らないんだろう？」とよく思います。

日本人男性の多くは「花を贈る人＝格好いい人、キザなやつ」という固定観念にとらわれている上に、「そもそもどんな花を贈ったらいいのかわからない」「花屋さんに入れない」「持って歩くのがとにかく恥ずかしい」…と贈れない理由を並べます。なんともったいない!!

女性の側は、花を贈られるのはやっぱり嬉しいと思う人が大多数。あとあと残らないからかえっていいかも、といった本音もちらほら聞こえますが、花はモノや食事とは明らかに異なる、相手の気持ちや想いがストレートに伝わってくる、特別な力を持ったサプライズな贈り物と言えます。花を贈られたことは、生涯その人の心に刻まれる印象的な出来事なのです。

この本では、特別な記念日はもちろんのこと、日常生活の中で気軽にチャレンジできる花贈りのチャンスや、どんな花屋さんで、いつどんな時に、どんな風に、どんな花を選べば良いのか、それらのハウツーをご紹介しています。奥が深い花の世界はいったん置いておいて、花贈り初心者の方に、まず花屋さんに足を運んでもらうための入門書になります。もちろん、男性の方に限らず、自分の彼やご主人が「花を贈るオトコ」になってほしいと願う女性の方々にもご参考になると思います。「好きな食べ物は?」と聞かれることはあっても「好きな花は?」と聞かれることは残念ながらまずないですよね。であれば、女性からもっと、自分が好きな花を男性にアピールしても良いと思います。

Mr.フラワーバレンタインの「キングカズ」こと三浦知良選手はじめ、たくさんの「花贈りの達人たち」から、ご自身の体験や想いを語っていただきました。これから花贈りにトライしてみたい男性たちへの応援メッセージです。女性にとっても、男性の優しい本音に触れることができる素敵なインタビューだと思います。

花を贈る、贈られるって、それだけでとてもトキメクこと。

花を手にした女性が、驚いて、満面の笑顔がはじけた時、そんな笑顔が見れたあなたもとても幸せを感じるはずです。大切な人の笑顔ほど、嬉しいものはないでしょう。花贈り未経験の方は、ホントに、ぜひ一度試してみていただきたいのです。自分の想像以上に彼女や奥様が喜んでくれる姿に出会えると思います。

そしてそれが、あなたの人生のかけがいのない瞬間になることを、花屋である私たちがお約束いたします。

contents

（注）花言葉について

１種類の花でも花色によって異なったり、同じ花でも参考文献によって異なったりします。本書では、様々な文献・資料を調べた結果、複数の意味がある場合は、贈るにふさわしい花言葉を選んで掲載しています。また花色によって花言葉が異なる花については、代表的な花言葉を掲載しています。

※参考文献

花研手帳２０１３（株式会社大田花き花の生活研究所）・記念日の花（講談社）

第1章

デキる男は花を贈る

デキる男は花を贈る

スペシャルインタビュー

Mr.フラワーバレンタイン

プロサッカー選手

三浦知良さん

フラワーバレンタイン推進委員会からの2年越しの熱いラブコールに応えて、2012年のバレンタインデーに向け初代「Mr.フラワーバレンタイン」にご就任くださった「キングカズ」こと三浦知良さん（以下、カズさん）。なでしこジャパンへの花贈りなどカズさんの花贈りは何度となく報道されているので、就任も納得の方が多いのではないだろうか。ますます活躍の場を広げ、夢を追い続ける生き様が男性からも女性からも「カッコいい」と支持されているカズさん、2013年も「Mr.フラワーバレンタイン」続投いただいています。そんなカズさんから日本の男性に、もっと花を贈ってみて！とエールを送っていただきました。

花を贈る男性は、「紳士」としてみられますよ

―初代「Mr.フラワーバレンタイン」ご就任おめでとうございます。選ばれたご感想は？

ありがとうございます。正直照れくさいですし、びっくりしたけど、かなり嬉しいですよ。普段から女性には花を贈っているので、選ばれてもいいかな、と（笑）。「初代」もいいけれど、「永久Mr.フラワーバレンタイン」でもいいですよ（笑）。

―カズさんといえば、「花を贈る男性」というイメージが強いですが、いつ頃から花を贈るようになったのですか？

いやいや、結構最近です。10年くらい前、スペインの空港で男性が女性に花束を渡していたんです。それを見てからですね。別に若いおしゃれなカップルじゃないですよ。普通の熟年のカップル。おそらく、旦那さんが里帰りか旅行から戻ってきた奥さんに渡していたんじゃないかな。それが妙に格好良くてね。いや、格好つけてなかったからこそ、格好良く見えたのかもしれません。他にも、海外チームの仲間のサッカー選手が遠征先から奥さんのもとに帰る時に一輪の花を贈っている様子を見て、素敵だなと思って。それからですよ、僕も花を贈ってみようと思ったのは。

―確かJリーグ初代最優秀選手賞（MVP）の表彰式でも赤いバラを持って登場されていましたね。また、なでしこジャパンのW杯優勝の際にもメンバー全員に一輪ずつのバラを贈られたりと、特に「赤いバラ」のイメージが強いのですが何か特別な意味があるのでしょうか？

三浦カズの「伝説の赤いバラ」なんて言われていますよね（笑）。「赤いバラ」って、なにか強いエネルギーを感じるんですよね。幾重にも重なるバラの花びらは吸い込まれるような魅力があるし、棘があるのも個性的じゃないですか。そのバラの中でもやっぱり「赤いバラ」というのは、圧倒的だと思うんです。他を寄せ付けないというか、特別な存在というか。女性の強さと赤いバラの強さが似ている、共通しているものがあるのかなと思っています。だから僕は必ず赤いバラです。

—海外ではバレンタインに花を贈るようですが、海外生活が長い中で、何か思い出はありますか?

いや、僕自身バレンタインの思い出は特にはないですよね（笑）。ただイタリアには、男性が女性にミモザを贈る日があります。3月の初めだったかな。あれもいいですよね。奥さんや、お母さん、娘、友達、仕事仲間などに感謝の気持ちを込めて贈るんですよ。その日は知り合いの女性だけでなく、すれちがった知らない女性誰にでもあげていいらしくて、イタリアっぽいですよね（笑）。

その日は皆が花を持って歩いていて、街全体が花と笑顔で溢れるんですよ。日本でもバレンタインデーがそういう日になったらいいのにね。

—日本の男性は、「花を持って歩くのは恥ずかしい」と思っている方が非常に多いのですが、カズさんはいかがでしたか? 最初から違和感はありませんでしたか?

僕はむしろ交差点に花を抱えて立っているのが大好き! まわりの人や、車に乗っている

人、皆から注目されるじゃないですか。それが快感（笑）。ただ、もしかしたら最初は浮いていたのかもしれませんね。でも、贈り続けていると、花の持ち方も自然になってくるし、花を贈ることが自然になってきます。そうですね、そう考えると続けてみることが大切じゃないですかね。

たとえば奥さんや、彼女、一緒に仕事をしている女性でもいいし、毎年「誕生日」や、これからはそれこそ「バレンタインデー」に贈ってみるとか。年齢とか、経験も関係あるのかもしれないけれど、「花」を贈っていると、それが自然なことに思えてきますよ。

花を持って歩いている人に悪い人はいないじゃないですか。花を贈る男性は、むしろ「紳士」として見られますよ。

――なるほど、成熟した大人の男性ならではのご意見ですね。カズさんはいつもどんなお気持ちで花贈りをされているか教えて下さい。

昔から親しい友人にフローリストがいるので、いつも彼に頼みます。僕にとってのMy花屋さんです。

花を贈る場面はいろいろですが、たとえば、お招きいただいた女優さんの舞台を観に行く時や、知人の女性と食事に行くような機会には、必ず花を持って行きます。女優さんってたくさん花をいただいているイメージじゃないですか。でも、「プライベートでもらったのは初めて」と言って喜んでくれる方が結構いるんですよ。僕の方が驚いてしまいます。食事の席で花をプレゼントすると、お互いの壁がすっと取りのぞかれる感じで女性も安心するみたい。場の空気も和ませちゃう、花ってすごいですよね。

僕は女性そのものが「花」だと思うんですよ。場が華やぐでしょ。女性こそ、まさに「一輪の花」ですよね。だから、花が似合うし、贈ってあげたいって思うんでしょうね。

―どうしたら、カズさんのように上手に男性から女性に花を贈れるでしょうか？　日本の男性に、カズさんから応援メッセージをお願いします！

いや、別に上手く贈ろうと思わずに、自然にね。照れますけど、一回贈ればすぐに慣れると思います。一回贈れば何とかなります！

僕はイタリアにいたんですけど、男性から女性に花を贈るのはスタンダード。でも日本の男性はどうしても照れてしまいますから、なかなか花を贈る習慣が根付かないですけどね。ほんとに恥ずかしがらずに「花に自分の気持ちをこめて贈る」というのをスタイルにすると良いんじゃないですかね。まずはバレンタインにぜひ贈ってみてください。ほんとに喜ばれると思います！　バレンタインをきっかけに、男性から女性に花を贈る習慣が定着したらいいな、と思っていますよ。僕はこれからも花を贈る習慣をずっと続けていきたいと思います。もちろん、「フラワーバレンタイン」も実践しますよ！

Profile

三浦知良　1967年2月26日静岡県生まれ　1993年Jリーグ年間最優秀選手賞、1996年Jリーグ得点王、1993年と1995年にベストイレブンを受賞、1993年にアジア年間最優秀選手賞を受賞。現在は横浜FCに所属し、日本の最年長プロサッカー選手として活躍中。2012年フットサル日本代表としてW杯に出場。　三浦知良公式サイト：http://www.kazu-miura.com/

デキる男は花を贈る

花屋の社長の告白
フラワーバレンタイン推進委員会　会長
株式会社　パーク・コーポレーション代表取締役

井上英明さん

2010年に発足したフラワーバレンタイン推進委員会。その会長を務めるのが井上英明さん。本業では、全国で80店舗を超えるフラワーショップ「青山フラワーマーケット」を経営。たまたま訪れた花市場で見た花の新鮮さに魅かれ、あれよあれよという間に花が生業になっていったそうです。

花を飾るシーンを特定した手軽なブーケや、200円台で買える普段着感覚のバラなど、花素人ならではの観点から一般消費者のニーズを理解し、数々の商品を生み出してきました。そんな井上さんの数々の経験の中には、花贈りのヒントがたくさん詰まっているにちがいありません。

―最初は全くの「花素人」でした

私は花屋に生まれたわけでも、花を習っていたわけでもありません。たまたま知人に連れて行ってもらった花市場で、花の瑞々しさに感動し、花に興味を持ちました。最初は単にお金を稼ぐための手段の一つとしか考えていませんでしたが、あれよあれよという間に常連さんができ、店を構えることになり、店舗を展開していくことになりました。しかしながら、同じ頃に起業した知人たちの会社の年商は、ケタ違いに拡大しており、「本当に花屋で良かったのかな？」という疑問を持ち始めました。それでも、今も私が花屋にこだわり続けることができたのは、二つの大きな気づきがあったからです。

―いつのまにか花が生活必需品に

花屋を始めたものの、花のことが全く判らなかった私は、とにかく仕入れた花を家に持ち帰っては、家中に飾り、花が開いていく様子や、花の保ちなどを毎日観察していました。ある時、花屋の視察のためにパリを訪れました。一日中歩き回り、夜になると寝るだけのホテルに戻りましたが、部屋に戻ってもなんだか落ち着きません。理由を考えてみたところ部屋に「花がない」ことに気がつきました。すぐに、花を一輪買いに行き、グラスに挿しました。すると、それまで無機質だった部屋の空気が変わり、非常に心地良い空間に変わったのです。花がなくても生活はできますが、花に囲まれて生活をしていた私には、いつの間にか「生活必需品」になっていたのです。

――花屋は人に感謝されるありがたい職業？

二つ目は、花屋がいかに素晴らしい職業かということに気づいたことでした。ある世界的な心臓外科の権威に「なぜ医者という仕事を選んだのですか？」と質問したところ、「誰かに喜んでもらえる仕事に就きたかったから」という答えが返ってきました。確かに、お医者さんに診察や手術をしてもらうと、誰もが感謝をします。あらためて考えてみると、花屋も同様でした。プロポーズ、誕生日、お見舞い、お祝いなど、お客様から承った注文をお作りして手渡す際、必ずと言っていいほど、「ありがとう」というお言葉を頂戴します。お客様がお金を払ったにも関わらず、こちらが感謝されるのです。「花束を渡してプロポーズをしたら、成功しました」「恩師に皆で花をプレゼントしたら、大変喜ばれました」「結婚式で両親にお礼の花を渡すことができました」など、たくさんの方が報告にも来てくださいます。花屋の仕事の醍醐味は、贈り手に喜んでいただくだけでなく、さらに受け取った方にも喜んでいた

だけること。つまり、両方の方に喜んでいただけるなんて、なんと贅沢なことではありませんか。

花は消えてなくなってしまうものです。モノと違って、手元にずっと置いておくことができないので、高いと感じる方もいらっしゃるでしょう。**しかしながら、人生の中で最も貴重なモノとは、お金では買えない「時間」や「気持ち」ではないでしょうか。花にはまさにそれに変わる価値が備わっているのです。**

—ランチと花のコストパフォーマンス

先日、知り合いから「井上さん、花はものすごく費用対効果が高いね」と言われました。お話をお伺いしたところ、「会社の女性たちとランチの帰りに花屋の前を通りかかったので、『好きな花があったら一本プレゼントしてあげるよ!』と言ったら、メチャクチャ喜ばれました。その後もしばらくは、その花のことが話題になっていましたよ。ランチをごちそうしてもすぐに忘れられてしまうのに、花のインパクトはすごいですね」とのことでした。確かにランチをごちそうしても、ずっとは覚えていてもらえないような気がします。それは、ランチをごちそうしてもらうということが、日常的なことになっていることも理由の一つかもしれません。それに対し、ランチの後の「花のプレゼント」は、期待されていないサプライズであり、非日常的なできごとだったから、印象に残ったのでしょう。

花を贈る理由は何でもいいのです。「花屋の前を通った時にきれいな花が目に入ったから」「今日は金曜日だから」「最近ちょっと疲れているようだったから」…。

—バレンタインは花贈り絶好のチャンス！

とは言うものの「理由もなく花を渡すなんて、格好良すぎて僕には」という声も聞こえてきます。花を贈ること自体に抵抗のある男性はまだ多いようで、そんな方には堂々と渡すための理由が必要でしょう。

実は、一年の中には花を贈る機会がたくさんあります。奥さん、彼女、あるいは今気になっている女性の誕生日、結婚記念日、いい夫婦の日、クリスマス、桃の節句、ミモザの日、すずらんの日…。そしてオススメなのがバレンタインデー。

日本のバレンタインデーは、女性が男性にチョコレートを渡して「愛を告白する日」として定着しています。しかし世界的には「お互いの愛を確かめ合う日」とされています。海外の多くの国では贈り物を交換するようですが、男性が最も多く選ぶ贈り物が「花」。2月14日の当日は、花屋の前に男性の長い行列ができます。日本ではまだそれほど浸透していないので、女性もほとんど期待していないはず。贈られた時の喜びと感激はひとしおでしょう。しかもこの日は、男性が花を渡していいと世界的に認められている日なのですから。

—花は笑顔の特効薬

男性の皆さん、頭の中であれこれ考えていても仕方がありません。まずは花を贈ってみましょう。一度贈ってみると、「今度は別の花屋に行ってみよう」「予算を変えてみよう」「慌てないように、早めに行って花を見よう」など、いろいろな改善点が見えて、初心者から初級者へ自然とステップアップしていけるはずです。

男性がもっと女性に花を贈るようになれば、確実に女性の笑顔が増えていくはずです。そして、女性の笑顔が増えることがわかれば、男性もますます「花を贈ろう」という気になるのではないでしょうか。さあ皆さん、早速バレンタインから始めてみませんか？

Profile

井上英明　株式会社パーク・コーポレーション　代表取締役。1988年に株式会社パーク・コーポレーションを設立。93年にフラワーショップ「青山フラワーマーケット」を開業。その後、2003年にフラワースクール「hana-kichi」、07年に観葉植物を専門に扱う「Jungle COLLECTION」、11年には「Aoyama Flower Market TEA HOUSE」をオープン。「Living with Flowers Everyday」をコンセプトに、花や緑に囲まれた心豊かな生活を提案している。

Column 01

花は人を笑顔にする！

（アメリカの大学の論文※より）

「花を贈られると人は嬉しい」ということは、感覚的には納得できることですが、本当にそうなのでしょうか？　2005年、アメリカ・ニュージャージー州のラトガース大学心理学部の研究チームは、花がそれ以外のアイテムと比べても喜ばれる度合いが高い、人の感情に訴えかけるギフトであるとの調査結果をまとめました。

彼らは人の「幸福感」を測る指標を「本物の笑顔」であると設定しました。男女様々なギフトアイテムで実験した中で、特に女性にフォーカスした実験をご紹介しましょう。147人の女性に対し「花束」「果物やお菓子のバスケット」「キャンドル」のギフトをランダムに渡し、箱を開けた瞬間に女性がどのような表情をするかを調べました。

その結果、「花束」を受け取った女性の100%が心からの笑顔になったのに対し、「果物やお菓子のバスケット」を受け取った女性の10%が、そして「キャンドル」を受け取った女性の23%がそこまでの笑顔は見せてくれなかったという結果だったそうです。

100%の女性が心からの笑顔に！花は一瞬にして人をハッピーにする効果があることがわかりました。こんな面白い実験結果が論文として発表されるなんて、さすが花贈り先進国アメリカですね！

※ Jeannette Haviland-Jones,et.al. “An Environmental Approach to Positive Emotion: Flowers” Evolutionary Psychology, 2005. 3: 104-132

第2章

「My花屋」があれば大丈夫

「My花屋」を見つけよう！

第1章を読んで「あー、話はわかるけど自分とは違う世界のハナシだな」と、がっかりしている皆さん、ご安心ください！

この本を手にした瞬間から、あなたは「花贈り」ができる、女性が言うところの「ステキな男性♥」になるためのアドバンテージを手にしたと言っても過言ではないのです。なぜなら、多くの日本人男性が、日常女性に花を贈る習慣がない一方で、女性は男性から花を贈られることをとても喜ぶ、という事実が調査により明らかになっているのです。つまり、

花が好きな女性の数 ＞ 花を贈る男性の数

という図式が成り立つというわけです。「花贈り」は、相手に喜ばれる確率が非常に高いにも関わらず、実践している男性が少ないとなれば、トライしない手はありませんよね。そうと決まれば、早速花屋さんへ行ってみましょう。

でも、どこのどんな花屋さんに行けば良いのでしょうか？　ヘアサロン、バー、接待スポットなど、お店やスタッフの方があなたの味方になって助けてくれた経験はありませんか？同様に、味方になってくれる花屋さんを見つけることで、その「My花屋」さんは、あなたの今後の「花贈り」の時に強力な力を発揮してくれること間違いなしです。

花屋さんもいろいろ

現在、日本には全国で約2万店の花屋さんがあると言われていますが、実は街の花屋さんにはそれぞれの得意分野というものがあります。

①切り花を中心としたギフトが得意な花屋さん
②インテリア観葉植物や、ガーデニングの苗物など鉢植え系が得意な花屋さん
③お仏壇やお墓などに供える仏花を中心とした花屋さん

そのお店がどんな得意分野を持つ花屋さんであるかは、店先の一番目立つところに置いてある花の種類や、お店の雰囲気で判断して大丈夫です。最近はホームページやブログを用意している花屋さんも多いので、用途に合わせて、まずは下調べをしてから訪ねてみても良いでしょう。

気になるお店が見つかったら、早速勇気を出してお店に行ってみましょう。買う予定がなくても構いません。お散歩気分で、自宅や会社のデスクにちょっと飾るミニ観葉植物や、ミニブーケなどのプチギフトを見に行く程度が気楽でいいでしょう。いきなり重要な勝負をかける時の花を買いに行くと、それこそ緊張してしまうと思います。

それでは次に、My花屋さんにふさわしいかどうか、花屋さんのどんなところをチェックするべきか、お話ししましょう。

My花屋を選ぶ際のチェックポイント

これからあなたが、いろいろな場面で花を注文することになる花屋さん（My花屋）は、少し大袈裟に言うと、あなたの人生を後押しする強力な味方として、重要な存在となるのです。そこの店員さんが、自分にとって話しやすいか、相談しやすく信頼できそうかということは、とても大切なポイントになります。幸い、初心者のあなたが花屋さんに行くと、たくさんの疑問が浮かぶはずです。「この花は何ていう花？」「今の季節の旬の花は何？」「定休日はいつ？」「どうやって頼んだらいいの？」など、他愛のない質問を投げかけて、店員さんとコミュニケーションしてみてください。「下見です」ということで、その場で購入する必要もありません。

「すでに花を購入していますよ」という経験ある男性の方々も、店員さんに話しかけられたくない、自分で選んでレジに持っていくだけだから、という方が比較的多いようです。それでも、店員さんが挨拶をしない、話しかけにくそうな雰囲気のお店よりは、気持ちよく挨拶してくれる花屋さんの方が安心ですよね。

「花贈り」の本当の意味を知っている花屋さんは、明るい挨拶や丁寧なコミュニケーションが、自分の仕事の最も大切な要素であり、重要な役割であることを理解しています。少なくとも、あなたが冷たく扱われたと感じたお店は、My花屋としてはNGと判断して良いでしょう。

・お店は忙しそうにしているかどうか？

花屋さんが忙しそうに働いているかどうかは、単に人気店かどうかだけでなく、実は商品の品質を見極める、大切なバロメーターになります。花（特に切り花）は生鮮品ですので、より長く楽しもうと思えば「鮮度」は購入の際重要なポイントです。しかし、花は食品と違って賞味期限などを表示する義務はありませんし、普段花を見慣れない人にとって、見るだけで鮮度の良し悪しを見極めるのは非常に難しいことです。そこで「店が忙しい＝商品の回転が速い＝仕入れたての花が多い」という仮説は、かなり有力と考えられます。

多くの花屋さんが市場で切り花を仕入れる日は月曜・水曜・金曜になります。その曜日の夕方頃には、お店にフレッシュな花がたくさん並んでいるはず。覚えておくと便利ですよ。

・買った後の満足度

花はもちろん、家に持ち帰って飾って楽しむためのものです。したがって、商品として美しいという以外にも、いくつかチェックポイントがあります。持ち帰るまでの間、安全かつお洒落に持ち運びやすい配慮があるか、ラッピングは過剰包装でなく地球に優しいか、そして飾った後に花は長持ちしたかなど、総合評価してみてください。最近は、花の鮮度保持剤（花瓶の水に溶かし入れて抗菌し、花をきれいに咲かせ長持ちさせるための薬剤）の小袋を付けてくれたり、お手入れの方法などを書いたカードを添えてくれる花屋さんも増えています。花好きの女性たちはこうした心遣いも含めて、あなたの花贈りに感動するはずですよ！

「花を贈る男性はステキ！」500人の女子のリアルな声

「My花屋」を見つけたら、次はいよいよ「花贈り」。どんなシーンが頭に浮かびますか？

日本人男性の頭の中は、「花を贈る人＝格好いい人、キザなやつ」という固定観念にとらわれているようです。自分の父親が母親に花を贈る、街で大人の男性が女性に花を贈る、そんな姿をほとんど目にすることなく育ってきてしまったためでしょうか。頭に浮かぶのは、黒いタキシードを着こなしたスラッとした男性が真っ赤なバラの花束を抱え、恋人にプロポーズをする、映画のワンシーンのような風景？　それこそめったにないシチュエーション。そんな姿と自分とを照らし合わせたら、「花を贈るなんてムリムリ」と思うのは、当然のことかもしれません。

一方女性は、そんな映画のようなシーンは期待していません（もちろん夢のような素敵なシーンだと思っていると思いますが）。むしろ、「花なんてガラじゃない人」が花を抱えているだけで、その男性自身が素敵に見えてしまうものなのです。「花を持っていると、ジロジロ見られるのが恥ずかしいんだよな」という言葉をよく聞きますが、それは全くの勘違い。女性は微笑ましく思っているのです。花を持つ男性を見るだけで、自分までが幸せな気分になれるとさえ感じています。そう、花はまさにあなたに魔法をかけてくれるのです。

Q 女性の気持ちアンケート　500人に聞きました。
花を持って歩く男性はカッコいい？

「花束を持って歩くなんて恥ずかしい…」なんて
古いこと思っていませんか？
今どきの女性の7割以上は好印象を抱いています。

だれかにプレゼントするんだろうなと思って、素敵な**優しい人に見える**（21歳）

その向こうにいる人をイメージして、幸せで**素敵**だと思う（33歳）

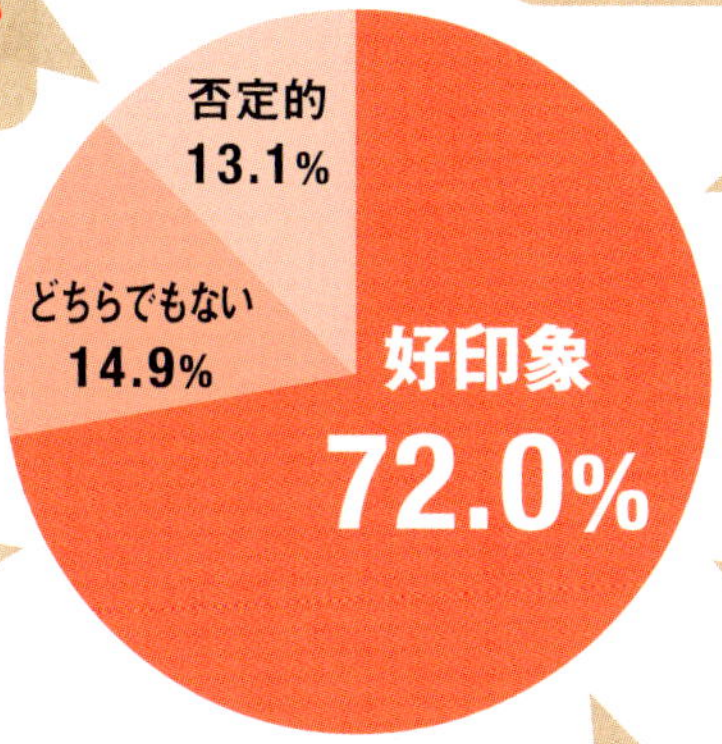

少し恥ずかしそうに持っていたら、さらに**キュンとくる**かも（35歳）

すごく頑張って欲しい気持ちになる。勝負する日、相手の女性が**うらやましい**（36歳）

日本にはそういう人がめったにいないから**カッコいい**と思う（28歳）

テレながら渡してくれたらうれしい（32歳）

我が家では記念日ごとに主人が花束を抱えて帰ってきます。相手を思う**優しい気持ち**を持った男性だと思えます（47歳）

恋人、家族、友人いずれに贈るにしてもかっこいい（31歳）

花は枯れてなくなるものなのにお金を出して**プレゼントする精神が好き**（41歳）

（2011年　フラワーバレンタイン推進委員会調べ）

イベントに乗って花を贈ってみよう！

さて、ここまで読んでこられたあなたはそろそろ、実際に花を贈ってみたくなってきたことでしょう。でも、いきなり花を贈るのはどうも気が引ける…。そんなあなたにオススメのウォーミングアップ方法が、イベントに便乗しての花贈りです。

この方法は、花贈りに慣れるウォーミングアップとして様々な良い点があります。例えばバレンタイン。先ほど井上さんのお話にもありましたが、日本のバレンタインデーは、女性からチョコレートを渡す日として定着していますが、世界的には欧米のみならず、アジア各国においてもこの日は男性から女性に愛や感謝の気持ちを込めて、メッセージカードや花を贈る習慣が主流です。バレンタインデー直前には、世界の花市場で赤いバラの取り合いが発生し値段も大変高騰します。欧米では一年中で最も花が売れる日なのです。

ということで、贈る側にも受け取る側にも大義名分ができますので、必要以上に気負うことなく実行できます。そして何より、「お花を渡すと彼女はこんなに喜んでくれるんだ！」と実感することができるはずです。どうして今まで花を贈らなかったんだろうと、これまでの自分を悔いるかも知れませんよ（笑）。

「1回贈れば何とかなります」とカズさんも言っていますが、このイベントに乗ってウォーミングアップすることが、将来訪れる数々の花贈りのシーンで大切な人を笑顔にするための第一歩となるのです。

初代Mr．フラワーバレンタイン授賞式

日本男性のバレンタインの花贈りを後押しすべく、２０１０年にフラワーバレンタイン推進委員会が発足。国内の生花店や花生産者・流通業者が一致団結して協力し、統一キャンペーンなどを通して普及・啓発活動を行っています。２０１２年には冒頭インタビューにもご登場いただいている「キングカズ」こと三浦知良選手が「初代Ｍr．フラワーバレンタイン」に就任するなど盛り上がりを見せています。東京・丸ビルで開催された就任記者発表には多くのメディアが取材に訪れ、ＴＶや新聞・雑誌などを賑わせました。

こんなにある！　花贈りのチャンス

素敵な花贈りをマスターするためのイベントは、年に一度のバレンタインデーだけではありません。誕生日や結婚記念日のような記念日でもなく、クリスマスのような歳時記としてのイベントでもなく、日常にあるちょっとした「○○の日」的な花贈りイベントの一つ一つが、格好のチャンスになることがあります。日本ではあまり知られていない、だけど世界的に有名な花贈りの日なら、「私だけ」の特別感もあって、大切な人もきっと喜んでくれること間違いナシです。

2/14　バレンタインデー

世界の多くの国で性別を問わず愛を伝え合う日。男性から女性に花を贈って愛や感謝を伝えることが主流です。世界では「母の日」以上に花が贈られる日のようです。おとなり台湾では旧暦7月7日（七夕）もサマーバレンタインデー、年に2回も男性が女性に花を贈る日があります。バラ1本なら「あなただけ」、99本なら「永遠に」、100本なら「結婚してください」など本数に意味があるそうです。数え間違えたら大変ですね。

4/23　サン・ジョルディの日

キリスト教の聖人である、サン・ジョルディの命日であるこの日が、『ドン・キホーテ』の作者セルバンテスの命日でもあり、さらにシェイクスピアの伝説上の誕生日であり命日でもあることから、スペインの本屋さんが発端となり始まった風習。男性は女性に赤いバラを贈り、女性は男性に本を贈る日。

グローバルスタンダードな男を目指すか、語呂合わせ系でいくか

3/3 桃の節句

桃は、女の子の幸せや健康を祈り、雛祭りに飾る花。古くから、桃はその香気が邪気をはらい、不老不死を与える植物とされてきました。春の訪れを告げるピンクの桃の花は、大人の女性に贈っても喜ばれます。

3/8 ミモザの日

3月8日は国際婦人デー。ロシアや東欧、ベトナムなどでは恋人や職場の同僚の女性に花を贈りまくるそう。イタリアでは通称「ミモザの日」といわれ、男性が女性に感謝の意を表して、春の訪れを告げるミモザの黄色い花を贈る習慣があります。彼女や奥様だけでなく、街行く見知らぬ女性にも渡すそう。日本でも認知度が高まりつつあります。

11/22 いい夫婦の日

1985年より語呂合わせで「いい夫婦の日」に。愛情表現が苦手な日本の夫婦のために政府が考えた日だそう。最近はこの日に入籍するカップルも増えるなど話題に。ぜひご主人から奥様に花を贈って驚かせてみては！

1/31 愛妻の日

語呂合わせで1・31で愛妻。日本愛妻家協会の本部は群馬県嬬恋村。最も身近な赤の他人という存在の「妻」を大切にする人を増やそうという計画で、夫婦でハグすることや花を贈ることを推奨するユニークな試みです。

5/1 スズランの日

フランスでは、春の再来と幸運を祝って親しい人たちでスズランを贈り合います。春の象徴であるスズランを贈られた人は幸せになれると伝わるフランスの伝統的な花贈り行事。この「贈られた人が幸せになれる」というところがロマンティック。可憐な花と香りで幸福感いっぱい。日本でもこの時期にはスズランが多く出回る時期なので、ぜひお試しあれ！

こんな時に花贈りは効果的！

「花贈り」は贈られることを相手が想像していない時にこそ、絶大な効果を発揮します。いつでも、どこでも、思いついた時に贈ってみませんか？　サプライズに遠慮はいりません。

・誕生日のプレゼントにちょこっと花を添えて

「今度の誕生日プレゼント、何が欲しい？」「○○のバッグ！」という会話がいつもなあなた。今度の彼女の誕生日には、プレゼントにプチ花束を添えて渡してみて下さい。花屋さんの「ミニブーケ」からチョイスすればOK、もちろん1本の花でも素敵です。思わぬサプライズギフトに彼女の笑顔がさらに輝き、あなたの株も急上昇することでしょう。

・「ごめんねフラワー」で、ごめん、の気持ちを花に伝えてもらおう

飲み会続きで彼女をほったらかしにしてしまった時、仕事で仕方ないながらも楽しみにしていた約束が守れなかった時なども、花は大活躍してくれます。「言い訳なんか聞きたくない！」とすねる彼女に、さりげなく小さなフラワーアレンジメントやミニブーケなどを渡すときっと笑顔が戻って来るはずですよ。

・「おかえりフラワー」で、会えて嬉しい気持ちを表現

海外の空港では、旅先から帰ってくる女性を迎えに来ている家族や恋人の男性が、花束を

持ってハグで出迎える光景をよく見かけます。愛する人を待ちわびていた気持ちが、見ている私たちにも伝わってきますよね。さすがに空港では恥ずかしいという方は、例えば家に花を飾って出迎えてみませんか。思いがけない歓迎に彼女も感激すること間違いありません。

Column 02

日本の花、実は世界一

JAPANESE FLOWER

世界中の花屋さんを見ても、四季のある日本はどこの国よりも花の種類が豊富で、そして花の品質も抜群！
一般にはあまり知られていませんが、日本の花生産量はアメリカ、オランダに次ぎ世界第3位、さらに日本産の花は世界で極めて高い評価を得ているのです。2012年オランダで開催された10年に一度の花のオリンピック「フロリアード※」でも、日本の花たちはオリジナル性と品質で数々の賞を受賞しました。日本が世界に誇れる素晴らしい花たちを、日本にいる私たちが楽しまないなんて、モッタイナイッ！
花生産量が多いのは、温暖かつ大消費地へのアクセスも良い東海地方ですが、北海道や九州・沖縄でも盛んです。また南北に長い日本では、夏場は冷涼な地域、冬場は温暖な地域で同じ花を栽培するリレー栽培が可能なのです。

宮崎県…日本のスィートピーの約50%を生産、世界でも大人気
新潟県…チューリップ生産日本一、国産の50%は新潟産
岩手県…日本の64%を一県で生産するリンドウ王国、最近は輸出にも積極的
福島県…カスミ草は夏場に福島県、冬場は熊本県というようにリレー栽培されます
愛知県…日本一の花生産地！キクやバラの生産が盛ん
静岡県…ガーベラ日本一、バラも有名
東京都…意外ですが「切り葉」生産日本一、八丈島などでシダ類など生産が盛ん

※「2012年フェンロー国際園芸博覧会フロリアード2012」http://www.floriade2012.jp/　ちなみに、現在日本で流通する花き全般のうち国産品が約80%、輸入品が約20%です。（2010年　生産農業所得統計…農林水産省による）

第3章

「気持ち」を花にのせて

大切な女性に気持ちを伝える花贈り

これまでの章ではどちらかと言うと、いかにさりげなく花を贈るかという初級編をご紹介してきましたが、「ここぞ！」（初めての告白、プロポーズなど）の花贈りは別格と言っていいでしょう。花の種類や本数、花のスタイル（花束なのか、アレンジメントなのか、それとも1本に思いを託すのか）、渡す場所や渡す時に伝える言葉に至るまで、全てにおいてあなたの気持ちが表れるように工夫することができれば、花はあなたの気持ちを2倍にも3倍にもして、大切な人の心に運んでくれることでしょう。

男性の花贈りが盛んな国イタリアには「口で言えないことは、花で言う」ということわざがあります。まさに花は究極のコミュニケーションツールであり、男性の想いの数、カップルの数だけ、それぞれに適した花がある「完全オーダーメイド」の世界です。本章では、本気の花贈りの参考にしてほしい、様々な素敵なエッセンスをご紹介します。

言葉で言えない「愛してる」を伝えるために

・万国共通の愛の花＝赤いバラ

赤いバラは「愛」を表す世界共通語の花です。赤いバラの花言葉は「あなたを愛します」「情熱」など、まさに「I　LOVE　YOU」。これまでどれだけ多くの人々が、言葉で表現できない情熱をこの花に託してきたのでしょう。赤いバラだけの花束が、カッコ良すぎて気後れしてしまう男性は、いろいろな色の花の中に1本だけ赤いバラをしのばせて愛の気持ちを表現する、というのもメッセージ性があっていいですね。ちなみに黄色のバラの花言葉は「嫉妬（ジェラシー）」ですので使い方にご注意を。

・プロポーズにふさわしい「ダズンローズ」

ダズンローズ（dozen rose）とは、文字通り1ダース、12本のバラの花束。12本のバラには「感謝、誠実、幸福、信頼、希望、愛情、情熱、真実、尊敬、栄光、努力、永遠」の12の愛の形が込められており、これらの全てを相手に約束することを誓い、プロポーズの際にその花束を渡したのが起源と言われています。欧米では、ポピュラーな花贈りスタイルです。

この愛の誓いを花に託して「12本のバラには意味があるんだよ」と告げるだけで、きっと彼女は「これは何か特別なことなのね！」とわかるはずです。もちろん、愛する女性にはプロポーズの時に限らずダズンローズを贈って、愛の誓いをリマインドしてください。

・彼女とのエピソードにちなんだ花の花束

二人で初めて観に行った映画に登場した花、いつか二人で行ってみたい場所に咲く花などを花束にして渡す、という方法もあります。「初めて会った時から変わらず愛しているよ」「将来一緒にこの花の故郷に行こうね」というメッセージを、花が伝えてくれるでしょう。もちろん花には旬があり、花屋さんの店頭に並んでいない場合もあるかもしれませんが、事情を説明してその花が欲しいとリクエストしてみると、何とかなることも結構あります。遠慮しないで相談してみてください。

・世界で一つだけの花束

これはかなりハードルが上がりますが、あなた自身の手で花束を作って渡すという「奥の手」もあります。そもそも結婚式のブーケとは、男性がプロポーズをしに彼女のもとへ行く道すがら、咲いている花を摘んで花束にして持って行ったのが起源と言われています。そしてプロポーズを受け入れた女性がそのブーケの中から一輪抜き取って男性の胸に挿したのがブートニアなのです。

花贈りの上級者となった筆者の知人には、自身の結婚式にて新婦にサプライズで渡す花束を自作し、作っている様子を撮った動画を披露宴で上映するツワモノもいました。新婦や出席者の感動が最高潮に達したことは言うまでもありません。

彼女との距離&シーン別オススメの花贈り

女性にとって花はいつでもサプライズ！　あなたと彼女との距離感や、シチュエーションに合わせて、サプライズにも程よい「頃合い」があります。粋な花贈りを目指しましょう。

・気になるあのコと初めての食事

思い切って二人きりの食事に初めて誘った気になる女性。趣味や性格もまだよく知らない

けれど、こちらの好意を伝えたい。そんな時にはミニブーケを買って手土産にしましょう。そして、あくまでもさりげなく「これ、来る途中に花屋さんの前を通ったから。花、好きかな？」という感じで渡すとあなたの好感度はぐんとアップ！　花をきっかけに会話も弾むはず。彼女の好きな花の情報もさりげなくゲットして次のプレゼントにつなげましょう。

・大切な彼女のバースデーディナー

誕生日をどのように祝ってもらえるか？　これは女性が交際中の男性を評価する大きなポイント。女性たちから聞いた嬉しかったバースデーに、レストランでのサプライズ花束、というお話がよくあります。男性があらかじめ花屋さんに頼んで花束をレストランに届けてもらい、ディナーの終わりにお店の方に席まで運んでもらってサプライズで渡すという方法。美味しく楽しいひとときの最後に予期せぬプレゼント！　感動するのはもちろん、お店の協力も仰いでサプライズを演出してくれたあなたの愛情の深さや心遣いに、彼女のあなたに対する信頼感はより一層増すはずです。

・結婚記念日には感謝をこめて二人で重ねた年の数の花を

「自分が健康で仕事にまい進できるのは妻のおかげだ」という意見に賛成する男性が多い一方で、その感謝の気持ちを伝えている男性は、驚くほど少ないのではないでしょうか。今からでも遅くありません！　次の結婚記念日からは、重ねた年の数だけ花をプレゼントする習慣を作ることをオススメします。奥様が好きな花、二人の思い出の花など、どんな花でも喜ばれると思います。毎年の結婚記念日が、二人の絆を一層深める日となることでしょう。

花屋さんであった本当の話

この本を執筆中に、広島県のとある花屋さんで心温まるエピソードがあったことをFacebookで知りました。花屋さんご了解のもと、ご紹介させていただきますね。花屋さんでは、こうした心温まる、愛にあふれるエピソードが日々、繰り広げられているのです。

【2012年11月24日　広島の花屋さんにて】

昨夜の出来事。夜の8時。閉店し事務仕事していた時に、電話が鳴った。

「あのぉ、まだお店開いてますか？　2500円で花束作って欲しいんですが…」とのこと。

「閉店時間過ぎていますけどいいですよ、すぐ来てくれます？」と依頼を受けた。女性へのプレゼントとのことだった。しばらくして花束をラッピングしているとこに来た彼氏。

妙にこわばった顔で「あの、結婚しとってですか？」と訊かれ、一回したよ（笑）と答えて話を聞くと、プロポーズの花束だという。「うまくいきますかね？」と彼氏。そんな事訊かれてもと思いつつ（笑）、うちでプロポーズの花束買ってくれた人は、みんな成功しているよ、と答える。プロポーズをしようと決めたものの、何をどう言えばいいのか、断られたらどうしようとか、色々考え過ぎてパニックになっている様子。「付き合ってどれくらいなの？」と俺。「4年です。いや、4年半ですね！」と彼氏。

「それなら、大丈夫！　きっとプロポーズを待っているよ。４年半もあなたの傍にいてくれた人なら、あなたの良いところも悪いところも全部知っているでしょ？　あなたの気持ちを素直に伝えればそれでいいと思うよ。花束を渡すっていうのは、どうしても唐突になるけど、びっくりして『え？　何？』と彼女が言ったとしても、心の中では『来たー‼』って判っているはず。だから大丈夫！」と話すと「そうですね…」と、少し落ち着いた感じの彼氏。消費税と合わせて２６２５円になることを伝えると「すいません、お金足りないです！」と叫びながら財布から出てきたお金は２５２０円。電話で２５００円と言ったのはそういうことかと理解した俺は「大丈夫、それでいいよ」と有り金を全部頂いた（笑）。全財産かけてのプロポーズだ。上手くいかない訳がない。「ありがとうございました！　頑張ってきます！」と彼氏。俺は「成功したら彼女と一緒に遊びに来なよ！」と送り出した。「はい、ありがとうございます」と、憎めない感じのやさしそうな彼氏。きっと上手くいっただろうと思いながら、一日たった今も、結果が気になって仕方がないんだな、これが。（flowergarden FOLIO）

・番外編　自分の誕生日にお母さんへの花贈り

花を贈る相手は彼女や奥様だけではありません。最近は自分の誕生日に自分のお母さんに、「産んでくれてありがとう」「今とても幸せなのはお母さんのおかげです」と、気持ちを添えて花を贈ることが静かなブームとなっています。母の日には（ともすると習慣的に）花を贈っているあなたも、この新しい花贈り習慣によって、長年のお母さんとの関係に新たな彩りを添えられたら素敵ですね。

フラワーギフトナビ

彼女のタイプ別ぴったりの花は？

大切な人に花を贈ってみたいけど、花屋さんで何を買ったら良いか判らない方は、バレンタインデーを例に、このナビゲーションをお試しください！

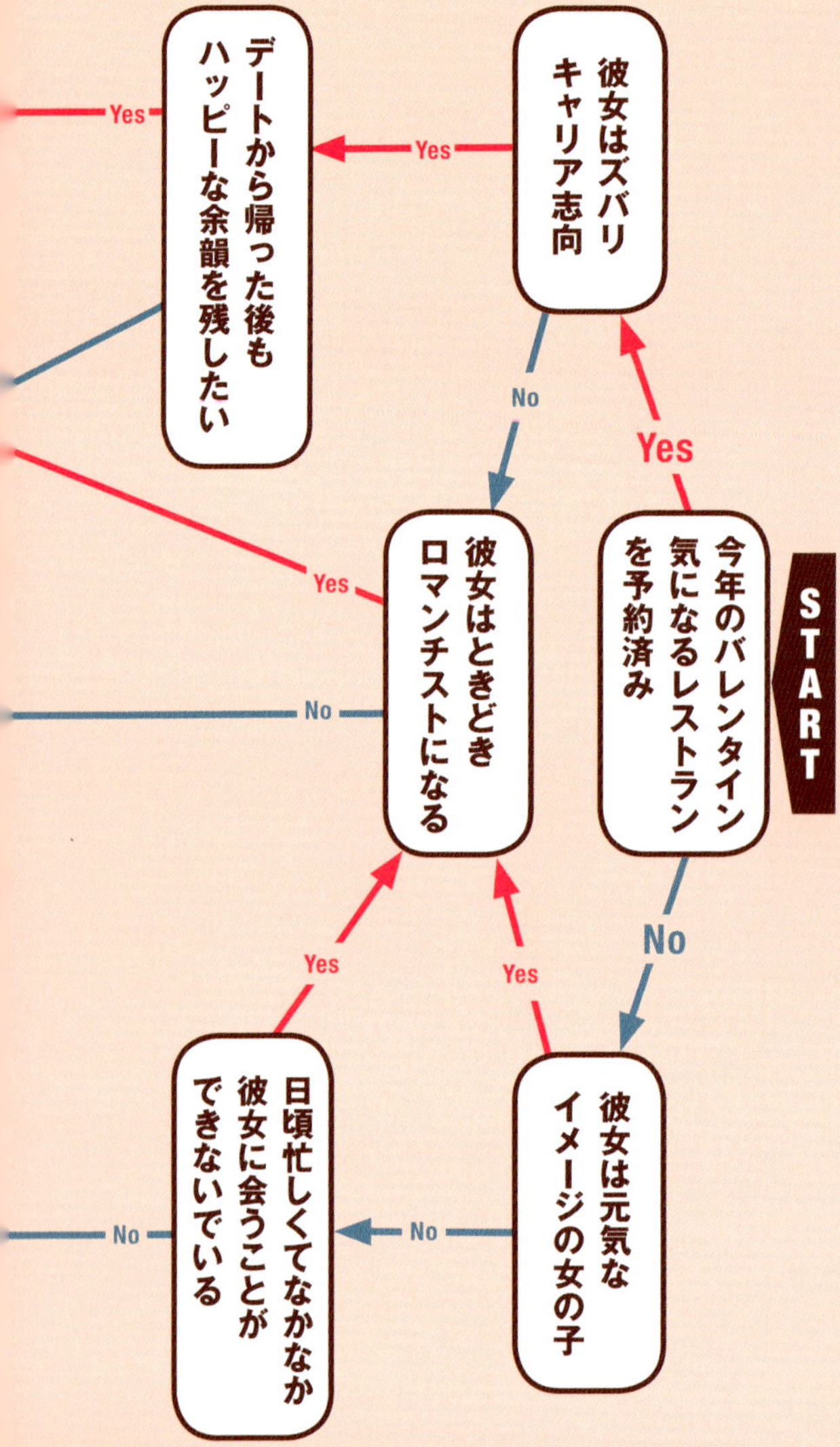

START
今年のバレンタイン気になるレストランを予約済み
Yes
No
彼女はズバリキャリア志向
Yes
No
デートから帰った後もハッピーな余韻を残したい
Yes
彼女はときどきロマンチストになる
Yes
No
彼女は元気なイメージの女の子
Yes
No
日頃忙しくてなかなか彼女に会うことができないでいる
Yes
No

結果はいかがでしたか？　次のページでそれぞれの花についてご説明します。

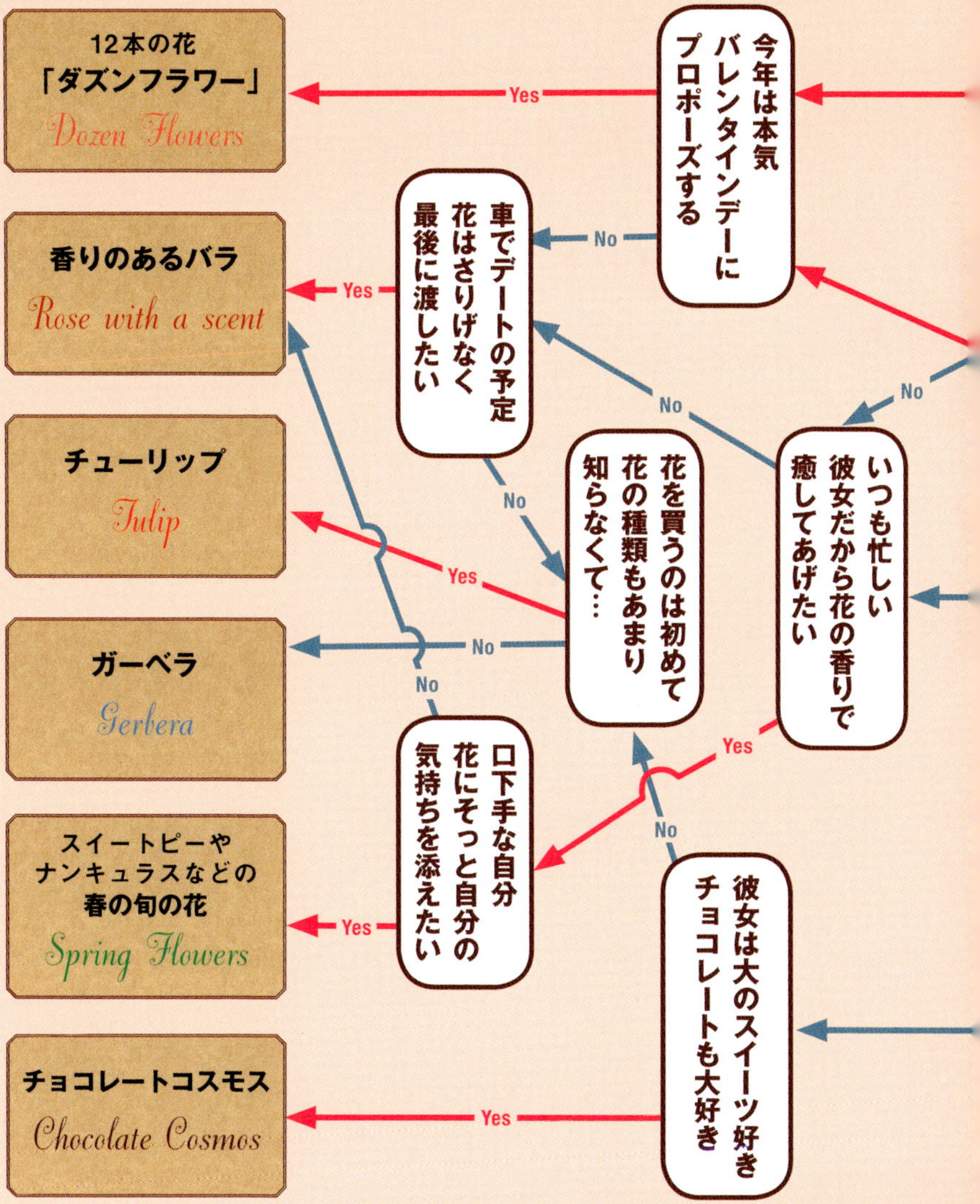
今年は本気バレンタインデーにプロポーズする
Yes
No
車でデートの予定花はさりげなく最後に渡したい
いつも忙しい彼女だから花の香りで癒してあげたい
花を買うのは初めて花の種類もあまり知らなくて…
口下手な自分花にそっと自分の気持ちを添えたい
彼女は大のスイーツ好きチョコレートも大好き
12本の花「ダズンフラワー」
Dozen Flowers
香りのあるバラ
Rose with a scent
チューリップ
Tulip
ガーベラ
Gerbera
スイートピーやナンキュラスなどの春の旬の花
Spring Flowers
チョコレートコスモス
Chocolate Cosmos

大切な人にぴったりの花はこれだ！（バレンタインデー編）

12本の花「ダズンフラワー」

Dozen Flowers

12本の花1本1本に
「感謝・誠実・幸福・信頼・希望・愛情・
情熱・真実・尊敬・栄光・努力・永遠」
という愛の形をこめて、12本（＝1ダース）の「ダズンフラワー」を贈ってみませんか？「すべてをあなたに誓う」ということを意味します。

香りのあるバラ

Rose with a scent

バラには香りの高い品種がたくさんあります。イングリッシュローズ系やオールドローズ系なら、丸みを帯びた花からエレガントな香りが漂って幸せな気分に！さりげなく愛を伝えたいあなたに。

花言葉…愛、愛情、尊敬、美、美しい姿、すこやか、愛らしい、温かい心、ジェラシー、可憐、情熱、愛情、熱烈な恋、清らかな愛、尊敬、私はあなたにふさわしい

チューリップ

Tulip

多くの人に愛される春の花「チューリップ」。花言葉に「永遠の愛」の意味を持つ、バレンタインデーにもぴったりな花です。花びらの形や色合いも多彩。動きのある咲き姿に、あなたとの楽しい時間を思い出してくれるでしょう。ぜひ彼女の好きな色を選んであげて。

花言葉…博愛、永遠の愛、愛の告白、恋の告白、愛の宣言、正直、不滅の愛、思い出の恋、思いやり、美しい瞳

ガーベラ
Gerbera

かわいくて元気な気分にしてくれる花「ガーベラ」。若い女性に特に人気です。オレンジや黄色のビタミンカラーなら楽しさを、ピンクなら幸せなあたたかさを、赤なら情熱を。たくさんの色合いを持つガーベラならあなたの気持ちを表す花束がきっと出来ます。

花言葉…希望、前進、神秘

スイートピーやナンキュラスなどの春の旬の花
Spring Flowers

甘い香りで女性に人気の春の花「スイートピー」。「ｓｗｅｅｔ（甘い）ｐｅａ（豆）」が名前の由来。そして春の花で人気急上昇中の「ラナンキュラス」。幾重にも重なる柔らかくふっくらした丸い花に癒されます。ふんわりとした花々が、お互いの気持ちを優しくしてくれます。

花言葉…思い出、優美、門出、華やかな魅力、魅力的

チョコレートコスモス
Chocolate Cosmos

花色も香りもチョコレートに似ている花「チョコレートコスモス」。バレンタインに「チョコレート」の名前を忍ばせれば、あなたのエスプリが効いた花束になるでしょう。この花束にプラスして美味しいチョコレートを添えれば、さらに喜ばれること間違いなし。

花言葉…恋の思い出、移り変わらぬ気持ち

Column 03

女性をきれいにする花の香り

女性がこんなに花が好きなのには、どうやら科学的にも証明された隠された理由があるようです。

香りがもたらす美しさ

香水の原料の多くに、花や葉、果実などが使われているように、花と香りは深く結びついています。花がもつ香りには、心と身体をリラックスさせる効果があります。

バラ…女性ホルモンの分泌を活発にし、美肌効果もあります。クレオパトラがバラ好きな話は有名です。

フリージアやヒヤシンス…………緊張を和らげたり、血圧を下げたりします。

スイトピー…………リラックス効果あり。

ライラック…………気分を高めてくれます。

色がもたらす美しさ

また、花の色にもそれぞれ効果があります。

- 赤系　血行を良くして身体に活力・気力を与えます。
- ピンク　心身の緊張を緩和し、肌にハリやツヤを与えます。
- オレンジ　体内の機能を活性化させ、やる気が出ます。
- 黄色　ストレス解消、コミュニケーション能力が高まります。
- 白系　気持ちをスッキリさせ、心身を健康な状態に戻します。
- 紫　鎮静作用により、イライラした気持ちを抑えます。

JO MALONE LONDON「RED ROSES」

第4章

花屋さんで花が ラクラク買える

SPRING Flower

花屋さんに行くのが楽しくなる季節の花＆ギフト 春の旬の花

**3月は卒業や送別など花の出番が多いシーズン。
4月に入ると5月の第2日曜日の「母の日」に向けて
花屋さんの店頭も盛り上がってきます。
お祝い事も多い時期です。ぜひ花贈りにチャレンジ♪**

桃

3月3日桃の節句（雛祭り）に飾ります。古来から桃は、邪気をはらい、不老長寿を与える植物とされています。

レースフラワー

繊細な白い花がまるでレースのよう。野の花のようなナチュラルな雰囲気で、どんな花とも合わせやすく人気です。

マトリカリア

小さな可憐な花を咲かせる菊の仲間。ハーブの「カモミール」の親戚で、香りも似ています。

スイートピー

ひらひらした蝶のような花びらと甘い香りが特徴。白やピンク、紫など色も豊富。生産量、品質ともに日本が世界一の花。

桜

四季のある日本では、
樹の花も豊かです。
古来から花といえば桜、
日本人の心の花です。

シャクヤク(芍薬)

大輪に咲く花が女性に大人気。甘い香りが素晴らしく欧米でも「ピオニー」と愛される初夏の代表花。

カーネーション

「母の日」というイメージが強いですが、花色が豊富で日持ちも良く人気があります。かわいいスプレータイプも。

バラ

花色や形、咲き方、香りなどとにかく種類も豊富。スプレーバラも人気。一年中出回りますが、春と秋がおすすめ。

春の花おすすめのギフト

SPRING

スイートピーの花束

パステルカラーの優しい色合いで、他の花とも組み合わせやすいスイートピー。甘い香りには癒し効果もあります。スイートピーの花言葉は「門出」。卒業や入学、送別などにぴったりな花束です。（スイートピー、ラナンキュラス）

「母の日」カーネーションのアレンジメント

カーネーションの花言葉は「母性愛」。母の日には特に赤やピンク系が人気です。特にギフトでは、花瓶がなくてもそのまま飾れるアレンジメントタイプや、長く楽しめる鉢物のカーネーションも人気です。（カーネーション、バラ、ヒペリカム、ドラセナ、ポリシャス）※天国のお母様には白いカーネーションを贈ります。

春には、春の訪れを祝う花贈りの習慣がいろいろ

春は3月3日の「桃の節句」以外にも、世界各国で花の日がいろいろあります。3月8日は「ミモザの日」。イタリアでは「Festa della donna（女性の日）」と呼び、男性が女性にミモザを贈ります。

また5月1日は「スズランの日」。こちらはフランスの風習で、幸せをよぶといわれるスズランを親しい人にプレゼントします。いずれも春を告げる花を贈る素敵な習慣です。

ミニブーケ

ホワイトデーや、気軽に花を渡したい時には、1,000円以下で購入できるミニブーケはいかがでしょうか？　ちょっと気の利いたプチギフトで喜ばれます。（ラナンキュラス、スカビオサ、バジル、ゼラニウム）

シャクヤクの花束

大輪の花々がゴージャスな印象！　うっとりする香りの花束はまちがいなく女性を魅了する、幸福感あふれる花束です。花言葉は「はにかみ」「恥じらい」。（シャクヤク３色、ビバーナム、ギボウシ、ミント）

アジサイの鉢

鉢物の「アジサイ（紫陽花）」は、切り花より長い期間楽しめるため、最近では「母の日」のプレゼントとしても人気。花を楽しんだ後、お庭に植えかえて毎年楽しむこともできます。

SUMMER Flower

花屋さんに行くのが楽しくなる季節の花＆ギフト

夏の旬の花

初夏から夏にかけて、暑さに強いランやアンスリウムのようなトロピカルな南国の花や葉の種類も増えてきます。一方、高原を思わせるような爽やかなブルーの花々や、夏の花の代表ヒマワリもいろいろな種類が出回ります。

トルコキキョウ

１本に複数の花がついているので、ボリュームがあります。最近品種改良が進み、色や咲き方も豊富、日本が誇る花のひとつです。花言葉は「優美」「希望」。

ユリ

ユリの中でも最も有名なのが「カサブランカ」。ゴージャスな雰囲気と濃厚な香りが特長。ユリ全般、花粉にご注意！

カラー

中央の黄色い芯状の部分が花。その名はギリシャ語のカロス（＝美）からという説も。シンプルでモダンな花姿が人気。

ヒマワリ

まるで太陽のような花。太陽に向かい真っ直ぐ咲く姿は、見る人を元気にしてくれます。「父の日」の贈り物にも人気。花言葉は「あこがれ」。

デンファレ(左)・モカラ(右)

東南アジア原産のラン類は夏の暑さに強いので、気温が高い日本の夏にもぴったり。種類や色も豊富なので選ぶのも楽しい。

デルフィニウム

ブルー系の爽やかな花。つぼみの形がイルカ(ドルフィン)に似ていることから、この名前がつけられたそうです。

ブルースター

花嫁が身に着けると幸せになるといわれる4つのサムシングのうちのひとつ「サムシングブルー」にちなんで人気の花。花言葉は「信じあう心」。

夏の花おすすめのギフト

SUMMER

カスミソウのブーケ

英名は「ベイビーズブレス」。赤ちゃんの吐息のような愛らしい花です。ひと昔前は、赤いバラと合わせて花束の鉄板という感じでしたが、カスミソウだけでまとめるのも素敵です。最近は七夕の花としても人気。花言葉は「清らかな心」。

カラーのブーケ

カラ―の花言葉は「夢のように美しい」。そのフォルムがウェディングドレスにもよく合うため、ブライダルのブーケとしても人気、シンプルにカラーだけでまとめるとモダンな印象です。結婚のお祝いに喜ばれます。

和風のブーケ

初夏の梅雨の時期に、涼しげなちょっと和のテイストの花束はいかがでしょうか。浴衣の柄を思わせる藍色のクレマチスやアジサイなどおすすめです。（シャクヤク、クレマチス、トルコキキョウ、ギボウシ）

多肉植物の鉢

とにかくたくさんの種類がある多肉植物。マニアも多い人気の植物です。育てるうちにペットのような愛着がわく、気の利いたイマドキのギフトです。お手入れも簡単、どんどん増えます。

トロピカル調のブーケ

ビビッドな色合いのランやアンスリム、大きな葉っぱをまとめると、南国風の花束ができあがり！　花がリゾート気分を連れてきてくれる、そんな楽しいブーケです。（モカラ２色、アンスリウムの葉）

ユリのブーケ

ユリ全般の花言葉は「純潔・無垢」。聖母マリアのシンボルの花です。“大きい花束を贈りたい”という方におすすめのボリュームです。香りが強いので、お見舞いや食事の席には不向きですのでお気をつけて！

アンスリウムの鉢

花言葉は「情熱」。ハート形の部分は花ではなく、花芯をとりかこむ「苞」。鉢物も人気ですが、切り花としてもよく使われ、南国風にしたい時の必須アイテム。赤以外にも様々な色があります。

AUTUMN Flower

花屋さんに行くのが楽しくなる季節の花&ギフト

秋の旬の花

9月に入ると、ススキやリンドウ、ワレモコウ、ケイトウといった秋の草花が続々と登場。バラ、ガーベラ、マムのような定番の花たちも秋が旬の花です。お月見やハロウィンなど季節のイベントを花とともに楽しんで！

バラ

一年中出回るバラですが、春に続いて秋も旬の季節。

ニュアンスあるシックな色合いや、こっくりした濃い色合いも人気。

バラには香り高い品種がたくさん！

イングリッシュローズ系やオールドローズ系なら、丸みを帯びた花からエレガントな香りが漂います。

ガーベラ

若い女性に圧倒的な人気！元気な気分にしてくれるかわいい花姿。赤、ピンク、オレンジ、黄色、白と花色も豊富で、見ているだけでハッピーになる花。花言葉は「希望」「前進」「神秘」。

スプレーマム（上）
ピンポンマム（下）

マム＝菊。古来、9月9日重陽の節句には、不老長寿を願い菊の花を愛でたとか。仏花のイメージが強いですが、まんまるのピンポンマムやかわいいスプレーマムも種類が多く、使い方によってポップにもモダンにもなる花です。

リンドウ

初秋の花の代表。特に岩手県の生産が盛んで、最近は海外に輸出し高い評価を受けています。

ダリア

花言葉は「華麗」「優雅」。その名の通り、花姿も色も多種多様で圧倒的な迫力！ 写真右の「黒蝶」はその存在感と高級感で人気急上昇。花持ちはあまりよくないことが少し残念。

アルストロメリア

南米原産のため、「インカの百合」などとも呼ばれます。花びらにすじ上の模様が入るのが特徴。花色も豊富でボリュームのある花です。

ヒペリカム

花屋さんでは「実物」と分類される実がつく植物。花束やアレンジのおしゃれなアクセントとして人気です。

秋の花おすすめのギフト

AUTUMN

秋色のガーベラブーケ

ガーベラは色が豊富なので、贈る相手のイメージに合わせて色を選ぶと良いでしょう。秋らしいシックな色合いも喜ばれるはず。かわいいガーベラも大人の表情に。（ガーベラ、バラ、シキミア、キイチゴ、紅葉ヒペリカム）

お月見アレンジ

月に見立てたのはまんまるのピンポンマム。月見団子やススキを飾って、花を愛でながら、大切な人と美しい中秋の名月を眺めてみませんか。（ピンポンマム、スプレーマム、リンドウ、ヒペリカム、キイチゴ）

ハロウィンアレンジ

10月31日、秋の収穫を祝い悪霊を追い出すお祭。「Trick or Treat！（お菓子をくれなきゃいたずらするぞ）」と仮装した子供たちが家々をまわる楽しい行事。日本でもすっかり定着してきました。花屋さんに並ぶオレンジのミニカボチャ、家に飾ったり、季節のプレゼントにぜひ！（ミニカボチャ、ガーベラ、カーネーション、バラ、ケイトウ、アイビー、シキミア、ゼラニウム）

「いい夫婦の日」
秋色のバラブーケ

11月22日は「いい夫婦の日」。1988年に日本で制定されました。語呂がよく、覚えやすいため、この日に入籍する人も多いようです。日頃の感謝の気持ちを込めて花を贈りましょう。(バラ、ダリア、アマランサス、ベニスモモ、キイチゴ)

ダリアの花束

大輪のダリアはそれだけでゴージャス。あえて他の花を合せず、シンプルに葉だけを合せるのもおすすめです。ダリアの美しさが引き立つ、個性的でワンランク上の贈り物になります。(ダリア、ドラセナ)

ミディコチョウランの鉢

胡蝶蘭といえば贈答用の大きな鉢の仰々しいイメージがありますが、最近は花も小ぶりなミニタイプも人気です。インテリアとしても品のある贈り物です。

WINTER Flower

花屋さんに行くのが楽しくなる季節の花＆ギフト

冬を彩る花

11月に入るとまもなく花屋さんはクリスマスムードに。そしてクリスマスが過ぎるといっきにお正月モード、松や千両が並びます。花屋さんは少し季節を先取り、まだ寒い1月、2月に春の花々が続々と出揃ってきます。ヒヤシンスやスイセンなど香りの良い球根花が多いのも特徴。

アマリリス

ユリのような華やかな大輪の花を咲かせる球根花。本来冬の花ではないが、赤や白の豪華な花姿がクリスマスに人気。花言葉は「誇り」。

シンビジウム

冬に最盛期を迎える洋ランの一種。様々な色があり、お正月の生け花やアレンジにも重宝します。

ヒヤシンス

みずみずしい香りが春を運んできてくれる人気の球根花。ギリシャ神話では悲恋の花なのですが…

アネモネ

赤、白、紫などの可憐な花を咲かせる人気の花。ギリシャ語の「風」が語源とも。

木瓜

千両

若松

お正月の花（松、千両、梅など）

お正月飾りに欠かせない松や、赤や黄の実をつける千両、難を転ずるといわれる南天、梅や木瓜（ボケ）といった樹の花など、お正月を彩る和の花々。気持ちよい新年のスタートになりますよ。

ラナンキュラス

ふんわりした花姿と優しい雰囲気で人気急上昇のラナンキュラス。寒い時期に少ない燃料で花を咲かせるエコな花。様々な色、巨大輪の登場など新品種も続々！

チューリップ

かつてヨーロッパでチューリップ狂時代なるものがあったほど人々を熱狂させた花。八重咲きやパロット咲きなどいろいろあって楽しい。花言葉も「博愛」「永遠の愛」「愛の告白」など色によって様々。自分の気持ちにぴったりなものを探してみては？

スイセン

寒い中に凛と咲き清清しい香りを放つ球根花。日本水仙の他、黄色のラッパスイセンなど種類もいろいろ。

ラナンキュラスの花アップ

Merry Christmas

冬の花おすすめのギフト

クリスマスリース

リースの丸い形はとぎれることなく続く「永遠の命」を象徴しています。ドアや壁などに掛けるタイプとテーブルなどに置くタイプがあります。また、素材もモミなどのフレッシュな枝を使ったものと、ドライの木の実などで作られたものがあり。クリスマスの定番アイテム、花屋さんでは11月後半からよく売れます。

ポインセチア

クリスマスといえばポインセチア！　赤色の他に、ピンクや白色も人気です。原産国メキシコでは「ノーチェ・ブエナ」と言われ、聖夜を表します。花言葉は「私の心は燃えています」。

シクラメン

お歳暮などで喜ばれる冬の間中室内で花が楽しめるシクラメン。フリル咲きのものや香りがするもの、かわいらしいミニシクラメンなどバラエティもいろいろ。最近は「青いシクラメン」が流行の予感です。

チョコレートコスモス入りブーケ

花色も香りもチョコに似ている花。バレンタインの花束にちょっとしのばせて、エスプリの利いた贈りものに。（チョコレートコスモス、ラナンキュラス、バラ、ゼラニウム）

ダズンローズ

ダズンローズとは１ダース＝12本のバラこと。欧米ではとてもポピュラーな花贈りのスタイルです。由来は、プロポーズの花で、バラ一本ごとにそれぞれ意味があります。「感謝・誠実・幸福・信頼・希望・愛情・情熱・真実・尊敬・栄光・努力・永遠」…素敵！

一輪の花

海外ではちょっとした挨拶や、何か気持ちを伝えたいときに、さっと一輪の花を贈ります。日本にもそんなジェントルマンが増えたら素敵です。

ハートホヤ（上）四つ葉のクローバー（下）

ハートホヤは、ハートの形がかわいい多肉植物の一種でバレンタインに人気。また、幸運のしるしの四つ葉のクローバーは、四つ葉になる可能性は三つ葉に比べるとなんと1/10,000だとか。花言葉は「Be mine」つまり「私のものになってください」。バレンタインに愛を告白するのはぴったりですね。

花屋さんに行く前にまずイメージトレーニング！

花屋さんの前で固まってしまうあなたに伝授！　花贈りＡＢＣ

花屋さんで実際に購入する前に、あらかじめ考えておきたい３つのポイントがあります。

まずは **「用途」**。言うまでもありませんが、どんな女性に何用の花を贈るのか、どんな場所でどんな風にプレゼントすることになりそうか、受け取った側の女性はどんな風に飾ってくれそうか、家に花瓶がありそうか？　など…そんなことをイメージします。

次に **「予算」**。この予算に、全体の「ボリューム感」が連動してきます。中には１本で意外なほど高い花もありますが、一般的に、パーソナルユースの花の予算とボリューム感は、次の２パターンぐらいかと思います。

● さりげないギフトにしたい場合は、￥５００～￥１５００程度のミニブーケや小さな鉢、もしくは一輪の花や、季節の花を数本束ねる感じでもステキです。

● どうしても失敗したくない「ここぞ！」の花なら、￥３０００～￥５０００程度の予算でがんばりましょう。この時、女性が抱えるくらい長さのある花束にしたいのか、片手で持てるくらいのコロンとした丸い花束にしたいのか、など女性が花を持った時の姿もイメージ

してみると良いでしょう。

最後に、色や花の種類などプレゼントの全体的な**「雰囲気」**をイメージします。花屋さんには、白、ピンク、赤、紫、黄色、オレンジなどの色の花がバランスよく揃っています。贈る女性が好きな色、もしご存知なら好きな花、女性のファッションの雰囲気などに合わせるのがオススメ。かわいらしい感じの女性にはピンクやパステルカラー。元気いっぱいの活動的な女性には、黄色やオレンジなどのビタミンカラー。都会的でシックなおしゃれな女性には、シンプルに白とグリーンだけのスタイリッシュな色合いや、ピンクでもアンティークっぽい雰囲気の色合いを選ぶなど、ひとひねりしたものが喜ばれるかもしれません。事前に何となくイメージを決めておくと花屋さんで迷わずに購入できるはずです。

贈り方バリエいろいろ

フラワーギフトのスタイルは大きく分けて3つ。好みやプレゼントのシチュエーションで使い分けます。

花束

（抱えるほどの大きいタイプ／ブーケタイプ／ミニブーケ）

ステージで贈るような用途でなければ、大きく抱えるほどの花束はかなりスペシャルな感じ。主流は両手で持てるくらいのブーケタイプの花束になります。気軽な花贈りには、ミニブーケがおすすめ。小さめの花ならグラスなどの食器に飾れます。

アレンジメント

（バスケットや陶器などにアレンジ／ボックスアレンジ）

もともと器に入っているので、そのまま飾れる点が魅力。お見舞いの時なども花瓶の心配がなく喜ばれます。花を挿してある吸水スポンジに水を足して楽しみます。最近はボックスアレンジも人気です。

鉢花・観葉植物

室内で楽しめる鉢花や観葉植物も人気です。よりカジュアルなインテリア感覚のギフトです。
※お見舞いの時は根付きの鉢物はタブーです。

さあ、花屋さんで買ってみよう！

事前のイメージトレーニングができたら、いざ花屋さんへ。

店頭に並んでいる出来合いの商品がイメージにぴったり合えば良いのですが、もしもオーダーメイドで作ってもらう場合は、少し時間の余裕を持って行きましょう。お店の混雑具合にもよりますが、花を選んだり、相談したり、ラッピングしてもらったりすると、10分～20分くらいは時間を要します。花屋さんの店先でできあがりを待っているのが恥ずかしい方は、会計だけ済ませてあとで取りにきます、ということでも問題ありません。

オーダーメイドで作ってもらう場合でも、出来合いの商品の花のボリューム感や価格、花の合せ方の雰囲気などが参考になります。およその相場感をつかんで、店員さんに話しかけてみると良いでしょう。イメージトレーニングしてきたとおりに、**「用途」「予算」「雰囲気」の3つ**を伝えれば、店員さんの方でオススメの花を案内してくれます。この時ぜひ、メインとなる主役の花だけでも、自分で選んでみることをオススメします。その花にどんな花を合わせたら良いか、どんなラッピングにすればより素敵になるかは、店員さんにおまかせすればＯＫ。主役の花だけでも自分で選ぶことができれば、「この花は僕が選んだんだよ」と言うことができて、贈られた女性の喜びは倍増！　女性は何より「自分のために彼がお花を選んでくれた」、そのことが嬉しいものなのです。

とはいえ、花を選ぶのは難しいと思ってしまうあなた。しかも、頑張って選んだものの、彼女の反応が微妙だったら残念。そこで失敗しない花選びについて伝授しましょう。

お付き合いが長ければ、彼女の「好み」を何となく理解しているはずですよね。その場合は、**彼女の好きな色**でまずはトライしましょう。洋服を選ぶ感覚で、彼女に似合いそうな花を選べば良いのです。まだ知り合ったばかりで彼女の好みがよくわからない場合は、見た目のファッションの雰囲気で判断するか、**究極に困った場合は「ピンク」**を選んでおくことです。日本女性はそれほどに「ピンク好き」が多いのです。

気をつけたいのは「花の組み合わせ」。最も失敗しない組み合わせは**「同系色」でまとめる**ことです。同系色のグラデーションの花々は、それだけでセンス良く見えます。あるいは、いろいろな花を混ぜずにシンプルに**「1種類の花だけ」**でまとめるのも、とてもおしゃれな花贈りのスタイルのひとつです。花言葉なども意識して、想いを花に託して伝えることもできます。もし彼女が好きな花を知っていれば、その花だけの花束も喜ばれるでしょう。あなたと彼女だけの約束のようで素敵です。

あとは、前ページでもご紹介したように、プレゼントの**花のスタイル**を選びましょう。例えば花束は、比較的軽くて持ち歩きやすいですが、飾る花瓶の心配や、混み合う電車での移動に気を遣います。一方アレンジメントは、持ち帰るのに若干重たいですが、そのまま飾って楽しめる利点もあります。持ち運びやすさなども含めて、心遣いできたらパーフェクトですね。メッセージカードを添えるかはあなた次第です。

Column 04

忙しい人のためのネットショップ活用術

忙しい男たちのために
２４時間注文ＯＫ！

ネットショッピングなら、花屋さんに行く時間がなくても、２４時間、携帯・スマホやＰＣからちょっとした時間で注文できます。

花屋さんに入るのが恥ずかしい
お店に行かずに注文完了！

花屋さんに入ってスタッフに声をかけられたら固まってしまった…そんな経験がトラウマなあなたは、人目を気にせず吟味できるネットショップで。多くの女性の口コミなどを参考にしながら買うことが出来るので、よりピッタリな花を選ぶことができます。大切な女性に贈りたい花を、ネットでじっくり探しましょう。

サプライズな花贈りで
彼女を驚かせたい！

彼女が自宅や職場にいる日であれば、宅配便の花贈りもドキドキのサプライズでしょう。
直接配達してくれる花屋さんを選べば、レストランやホテルへのお届けもＯＫ！　自分で書くのは照れるメッセージカードも、メール感覚で打つだけで添えられます。照れくさい言葉も、花に添えて伝えれば想いが届くはず。

第5章

達人たちに聞く

達人たちに聞く

夏木マリさん

歌、ドラマ、舞台、支援活動など多才にこなす姿や、鍛え抜いたボディは女性の憧れの的です。自らの名前をつけた赤いバラを作ってしまうほどのバラ好き。振り返ってみると、人生におけるターニングポイントには必ず「花」があったそうです。そんな夏木マリさんに花にまつわるエピソードを伺いました。

―今まで花をたくさんいただいていると思いますが、花に対する特別な想いはありましたか？

仕事柄、花をいただく機会はたくさんあります。花束はもちろんのこと、長期間の公演の際は、鉢植えの花をいただいたりもしています。花をいただくのはうれしいことです。贈ってくださる方の気持ちが伝わってくるような花をいただく時は、特にうれしく思います。

―海外での経験で、気持ちが変わられたとか？

97年にパリで「印象派」という舞台を公演した時、楽屋に少年がやってきて、一輪の花をもらいました。それを見た時は「一輪？」とちょっとびっくりしました。ちゃんとラッピングもしてあるのですが、それまで一輪の花をいただいたことはなかったので驚いたのです。

その後、ヨーロッパの他の国でもパフォーマンスする機会がありましたが、皆さんからの花が一輪だったんです。その時気づきました。花は豪華さを競うものじゃない、「気持ち」なんだと。「気持ちが伝われば一輪でもステキなんだ」とあらためて感じました。

そんなこともあって、5年前に『One of Loveプロジェクト※』の活動を始めた時も、「一輪のバラ」からスタートしました。「一輪だったら、

バラ・マリルージュ

学生さんでも買えるし、花束が恥ずかしい男性でも買えるのでは？」と考えたのです。

——マリさんには「赤いバラ」のイメージが強いのですが、何かエピソードはありますか？

今、本の出版に向けて執筆中ですが、いろいろなことを思い出していたら、私のターニングポイントには必ず花があったことに気づきました。それが「カーネーション」と「バラ」。89年に、ドイツのピナ・バウシュのヴッパタール舞踊団が来日したので観に行ったのですが、舞台一面に大量のカーネーションが敷き詰められていてね。もちろん造花でしたが、踏んでも、踏んでも起き上がってくるんです。それはもう圧巻でした。その舞台を見た時に「私が演じたかったのはこの攻撃性だ」と思いました。あの時から人生観が変わりました。そして、記念すべき「ロクマル」になる年に出演したドラマのタイトルが「カーネーション」。おもしろい偶然でしょ。

——バラとはどんな逸話がありましたか？

2008年に子供たちに会いにエチオピアに行きました。首都アディスアベバでは、どのレストランのテーブルにも必ずバラが飾ってありました。エチオピアはまだ発展途上の国ですが、「どうしてこんなに贅沢なんだろ？」と不思議に思い聞いてみたところ、「これから産業としてバラの生産や輸出を増やしていくところ」とのこと。このバラで私自身何かできないだろうか、と思いながら何度かエチオピアを行き来しているうちに、友達の応援も得て、『One of Loveプロジェクト』という活動をスタートすることになったのです。花で途上国の女性や子供たちを支援できればと思ったのです。

——『One of Loveプロジェクト』を始めて、何か変わったことはありますか？

よく「支援活動を続けるのは、一つの会社を作る以上に大変だ」と言いますよね。友達からも「あなたが支援活動？」と笑われました。毎年6月21日の世界音楽祭の日にG－G（ライブ）を行なって、収益金で支援しています。その時期になると、友人のミュージシャンが予定をあけて参加してくれるんです。本当にありがたいですね。この活動を支援してくれたり、賛同してくれた人たちには「ありがとう」という気持ちでいっぱいです。「人に感謝する」ということを「花」に教えられました。

―ご主人の斉藤ノブさん（パーカッション奏者）から、花をプレゼントされることは？

彼は花が大好きです。記念日というよりは、うれしいことがあった時や、季節の変わり目など、特別ではない日常で花を贈ってくれます。彼は若い頃に海外を放浪していたので、そこで欧米の人たちが気軽に花をプレゼントするようなことが、彼にも自然に身についたのでしょうね。

彼もバラは詳しくて、こだわりがあるんです。私はまさに「マリルージュ」のような、カップ咲きの赤いバラが好きなんですが、彼は剣弁咲きの白いバラが好きなんです。「男性が胸に挿すなら、それが一番きれいに見える」って。

―私たちは日本の男性にもっと女性に花を贈ってほしいと考え、そのきっかけとして海外の「バレンタイン」の習慣を紹介していますが、花を贈られる女性側にも何かアドバイスはありますか？

私は「赤いバラ」が好きなんですが、それを公然と宣言しています。そうすると、皆さんが赤いバラを見ると私を思い出してくださる。そして、赤いバラをたくさんいただくのです。**花ってコミュニケーションの一つだから、女性の皆さんからも「私はこんな花が好き」**

というのを、もっと男性にアピールしてもいいんじゃないかな（笑）。

―それでは、最後に男性たちへの応援メッセージをお願いできますか？

花束だとおおげさだから、一輪の花でいいですね。心がこもっていたら、それでいいと思います。花を特別なものとして考えるのではなく、自分の気持ちの代弁者として、もっと日常的に気軽につきあってください。応援しています。

※One of Loveプロジェクトとは

エチオピアのバラ園を訪れたことをきっかけに、途上国の女性や子供たちを支援する活動One of Loveプロジェクトを発足。バラの売上の一部や、夏木さんが作った「マリルージュ」という赤いバラの売上の15％をバラ園を代表とした地域に送ることで、農園で働く女性たちの労働環境の整備や、その家族・子供たちの生活向上を支援している。2010年はバラ園にパソコン6台などを贈った。2011年は農園の代表から「今年は東北を支援して下さい」という申し出があり、支援金として福島に送った。2012年は途上国に文具を支援。支援先の求めるものを支援している。http://www.oneoflove.org/

Profile

夏木マリ　東京都生まれ。73年、「絹の靴下」が大ヒット。コンセプチュアルアートシアター「印象派」や、ブルースバンド「ジビエ・ドゥ・マリー」、エチオピアを支援する「One of Loveプロジェクト」など、精力的に活動中。2013年春、新書上梓予定。新曲「ALLIANCE」も発売中。2012年はNHKの連続テレビ小説「カーネーション」、TBS「夜行観覧車」に出演。

達人たちに聞く

タレント兼エッセイスト

パンツェッタ・ジローラモさん

流行語「ちょいワルオヤジ」の代表といったら、この人をおいて他にはいません。男性が女性を賛美する国、イタリア出身のジローラモさんですが、イタリアには「口で言えないことは花で言う」ということわざがあるそうです。そんな素敵な国は女性も情熱的。実はバレンタインには忘れられない思い出があるんだとか。ちょいワルのハートを掴んだロマンチックなバレンタインのお話を語っていただきました。

PANZETTA GIROLAMO

―イタリアのバレンタイン事情について教えていただけますか?

バレンタインは付き合っている彼と彼女の日。お互いがプレゼントをし合うのが一般的で、香水やアクセサリーみたいな「モノ」を渡すこともありますが、一番多いのは、やっぱり「花」。特に人気は、赤いバラ。だって「赤」は「パッション（情熱）」を意味するでしょ?

―バレンタインの特別な思い出は何かありますか?

イタリアに住んでいる時に、ガールフレンドに僕の車を貸していたんですが、彼女がしばらく留守にすることになって、車を駐車場に戻しておいてくれたんです。駐車場に車を取りに行ったら、管理人さんがやけにニコニコ笑っていたので「どうしたんだろう?」と思いながら、車のドアを開けてびっくり。僕の車のシート一面にバラが敷き詰められていて、しかもハンドルには「ハッピーバレンタイン」の文字が。それはすごく、嬉しかったですよ。「やられた!」と思ったね。もちろん、片付けるのは面倒くさかったけど（笑）。お金とかモノよりも、そういう気持ちが重要。花は、消えてなくなってしまうものだからこそ、心にはずっと思い出として残ると思うんですよ。

―バレンタイン以外には、どんな時に花を贈りますか?

イタリアには、「口で言えないことは、花で言う」ということわざがあります。だから、誕生日やお祝いごとはもちろん「ありがとう」や「ごめんね」とか、何かにつけて花を贈ります。

贈り方は人それぞれ。僕は花束で渡す時もあれば、一輪で渡す時もあります。日本ではあまり花を渡す習慣がないのかな? 僕はもらうのも好きだし、あげるのも大好きです。

――イタリアでは3月8日の「ミモザの日」が有名ですが、どんな日なのですか？

ミモザの日というのは、ミモザがメインではなく、あくまで「女性」が主役の日。女性の自由が認められた日で、イタリアではちょうどその時に咲いているミモザをプレゼントすることになったようです。もちろん男性から女性に渡しますが、彼女や奥さんだけでなく、友人や、お母さんにも渡しますし、女性同士でも渡したりします。イタリアの特に田舎は、まだまだ男性社会だけど、この日ばかりは女性たちも家事から開放されて、友達と食事に出掛けたりすることもあります。

――ジローラモさんは花がお好きのようですが、何かきっかけはありましたか？

僕の花好きはお母さんの影響です。お母さんが花が大好きで、イタリアの実家の庭ではバラやオレンジの花などを育てています。花をちょっと切って、ダイニングなんかに飾っていましたが、いい香りがするんですよ。香水とはまたちがって、本物の花の香りはなんとも言えません。

日本は庭がある人こそ少ないかもしれないけれど、花の種類は豊富ですね。季節ごとに色々な花が咲いて楽しいです。特に桜はきれい。ライトアップされた夜桜が、雪のように散っていくのが大好き。でも、夜は酔っ払いが多いから車から観るだけだけどね（笑）。

――花を買うコツ、贈るコツはありますか？

お店で買うこともありますが、僕はクレジットカードのコンシェルジェサービスをよく利用します。電話を掛けると「どの店がいいですか？」「何の花にしますか？」「色は？」と聞いてくれるので、楽だし、ちゃんとしたお店から届けてもらえるので安心できます。
僕の場合、予告なしに届けて、相手を驚かせるのが好きなので、思い立ったらすぐ！っていうタイミングが大事なんです。だから、電話一本で届けられるサービスはとてもありがたいです。事前には連絡せずに、相手の反応を待ちます。たまに、着いたのに連絡がこないことがあります。「どうせ、誰にでも贈っているんでしょ」と誤解されてしまうようです。そんなことないのになあ（笑）。

―「花を買うのが恥ずかしい」という日本の男性にアドバイスをお願いします。

花屋さんが苦手な人なら、このクレジットカード会社の「コンシェルジェサービス」は、電話で注文できるからオススメです。担当者が色々と質問してくれるから、その通りに答えればいいだけ。
花はその瞬間だけのものだけれど、その時の気持ちを伝えられます。そして、相手の心に残るはず。もっと気軽に、楽しんで贈ってみてください。

Profile

パンツェッタ・ジローラモ　イタリア・アヴェッリーノ出身。タレント兼エッセイスト。流行語「ちょいワルオヤジ」の大代表。1988年に来日。NHK教育テレビの「NHK外国語会話　イタリア語会話」に出演。その後、男性ファッション誌「LEON」のモデルを務める。テレビCM出演やイタリア関係のイベントへの出演、各種講演などの他、妻との著書も多数ある。

達人たちに聞く

フラワーバレンタイン・アンバサダー
ファッションディレクター
干場義雅さん

ファッション界に数々の影響を与え続けるファッションディレクターの干場義雅さん。「ちょいワルオヤジ」で一世を風靡した雑誌「LEON」の創設メンバーであり、独自のファッション理論で、フツーのご主人をイケてるご主人にミラクルに変身させるＴＶコーナーでも人気のあの方です！フラワーバレンタインにも心から共感してくださり、アンバサダーとして様々なメディアやトークショーでご活躍中。

――若い頃から仕事やプライベートで何度となくイタリアを訪れている干場さん。イタリアのお洒落&花事情を教えてください。

ヨーロッパ全般にそうだと思いますが、イタリアでも街角のあちこちで花を売っていますよね。買う場所がいたるところにある。レストランで食事をしていても、花売りの人が花を売りに来る。そういう意味で、イタリアには日常生活の中に花がある感じがします。

イタリアのお洒落なおじさんは、スーツのフラワーホール（スーツの左襟にある穴。昔は風よけのためにスーツの襟を立てて着ることがあり、その際にバタつきを防ぐために付けられたボタンホールの名残。その後、この部分に花を挿して飾っていたことから『フラワーホール』と呼ぶ）に花を一輪挿しているんですよ。スーツ、シャツ、タイに、花もコーディネートしたりして、それが何とも素敵なんです。

僕もイタリアに行ったらたまにやります。パーティーでは一張羅のカシミアのストライプのスーツを着るのですが、胸に白いチーフ、フラワーホールには紫の小花をちょっと添えたりするんです。

――もちろん女性に花を贈ることには慣れていらっしゃると思いますが、こだわっていることはありますか？

女性を楽しませたり、喜ばせる時に「五感」というものを大切しています。食事をしたり、ハグをしたりと色々な表現方法はありますが、「花」はそのうちの一つだと思います。見ても美しいし、香りもいいし、花びらもそれぞれ質感が違って、まさに五感を刺激するものだと思うのです。だから、僕にとって女性に花をプレゼントすることは特別なことではなく、ごく普通のことなのです。

――そんな花贈りの達人の干場さんですが、花を購入する際のこだわりは何でしょうか？

ベーシックな花しか買いません。例えば真っ赤なバラとか、白いカラーとか。自分の中で「これだ」と思うものを信じて、それを僕のスタイルとしています。ベーシックな花以外だとしたら、あとは「エネルギー」のある花。季節の花、旬の花というのは、その時に一番美しく見えるものということですよね？　服も同じですが、重要なのは何より「素材」なのです。

――女性に合わせて花選びをするのかと想像していましたが、意外な答えが返ってきました。

お店に、たくさんの種類の花が入っているブーケやアレンジメントがあるじゃないですか。それもキレイだと思いますが、それぞれの花が目立たなくなってしまうし、質感がぼけてしまうと思うんです。だから、花束を贈る時も一種類の花でシンプルなラッピングで作ってもらいます。でも、ラッピングやリボンの色や質感が合っていないとせっかくの花も台無し。持って歩くのも嫌になってしまうから、そういったディテールにはこだわりますよ。

――花屋さんで何を買ったらいいか悩んでしまう男性も多いはず。干場さんのように「プレゼントするならこれ」という花をあらかじめ決めておくのも一つの手かもしれないですね。

僕にしてみれば、花もファッションも一緒。たくさんアクセサリーを身に付けてしまうと、美しさの本質がぼやけてしまう。素材が良いものを、本物を少しでいいから身に付ける。それが僕のスタイル。そのスタイルは花選びにも一貫しています。「自分のスタイル」を持てば、それでいいと思うのです。男性にも、そんな自分のスタイルをわかってくれる、行きつけの花屋さんがあるといいですよね。青山ならここ、銀座ならここ、とかね。

——こんなに成熟した花贈りのスタイルに行き着くには、他にも何か理由がありそうですね。

実は…、若い頃ずいぶんと年上の女性とお付き合いしていて、その時にかなり教育されました。それこそスーツの着こなしから女性のエスコートの仕方から、花の贈り方まで。彼女が好きだったのは赤いバラと白いカラーでした。花も色々な種類を混ぜればいいわけではなく、一種類だけでも十分、ラッピングもシンプルがいい、という教え。僕の場合、彼女から受けた影響がすごく大きいですね。今でも花贈りはその頃の教えに忠実な感じです（笑）。

——花贈りの際の男性のファッションの心得とかありますか？　女性を引き立たせる秘訣とか。

究極の花贈りシーンと言えそうな、映画「プリティ・ウーマン」のリチャード・ギアを思い出してみてください（ハシゴを登って赤いバラを贈るラストシーンが印象的な）。映画の中のリチャード・ギアのファッションにも注目してほしいのですが、ドレスアップしたジュリア・ロバーツを隣でエスコートする彼はシンプルなタキシード姿。女性と男性の華やかさの比が6対4ぐらいであることが、隣にいる女性の美しさが引き立つ調度良いバランスなのです。花束を持つ男性のファッションも、花の華やかさを6としたら4ぐらいに抑えると、花を持って歩く姿も格好いいんじゃないかな。でもね、本当に伝えたいのは「花は格好よく贈らなくてもいいんだよ」ということ。「プリティ・ウーマン」も、結果的にリチャード・ギアだからあのハシゴを登って花を渡すシーンがカッコいいんだけど、女性が感激するのは、そこまでして花を贈ろうとしてくれる「気持ち」だと思うんですよね。だからスーツじゃなくても、Tシャツ＋ジーンズだってOK。Tシャツ＋ジーンズ＋「花」で、十分ジェントルマンになれる、女性を大切にしたい気持ちは伝わります。

――最後に…とはいっても花を買ったり、プレゼントするのがどうにも恥ずかしいと思っている男性はどうしたらいいでしょう？

海外では、すべてがレディーファースト。男性がドアを開けてあげたりして、女性を先に歩かせるじゃないですか。だから、男性から先に何かをプレゼントして、そのお返しにチョコレートをもらうならいいけれど、先に女性からもらうこと自体がおかしいですよね。男性は女性を常に尊重しなければならないと思うんです。

世の中には色々な行事とかあるけれど、「いったいこれって、どういう意味だっけ？」ということも少なくない。そんな時は「本質」に立ち返ってみたらいいと思うんです。バレンタインデーも元々は何のための日だったのかな？　って。今、あらゆることが「BACK TO THE BASIC」、基本に立ち返ることの大切さが見直されていますよね。

とにかく一度「花贈り」をやってみるしかないですよ。実践あるのみ！　僕に言わせるとバレンタインデーに「チョコレートを受け取るだけ」は恥ずかしい。「大切な人に花のプレゼントを用意して、そしてチョコレートを受け取る」の方が格好いいですよね。そして、**花を受け取ってくれた女性が喜んでくれたら、もう最高じゃないですか。人生は良い思い出の集積。花をもらったことは一生心に残ると思うんです。**咲いて散ってしまう花だからこそ、心に残るのかもしれませんよね。

バレンタインをきっかけに男性が女性に花を贈ることが「当たり前」になってくれたらうれしいです。一年中、花を持って歩く男性や、贈られた女性の笑顔が街中に溢れている。フラワーバレンタイン、僕もアンバサダーとして、どんどんオススメしていきますよ。

Profile

干場義雅　ファッションディレクター／クリエイティブディレクター。東京生まれ。数々の男性誌の編集者を経て、人気雑誌「ＬＥＯＮ」の創刊に参画。その後「男として父として格好良く」をテーマに掲げる「ＯＣＥＡＮＳ」を立ち上げ、副編集長兼クリエイティブディレクターとして活躍。２０１０年に独立し、ブランドのプロデュースやコンサルティング、講師、トークイベントなど、その活動は多岐に及ぶ。時代を読み解く鋭い感性と、表層ではない男性目線のロジカルでわかりやすい説明で「ＳＴＯＲＹ」や「Ｄｏｍａｎｉ」など、女性誌でも引っ張りだこ。フジテレビ「にじいろジーン」のミラクルチェンジのコーナーにも出演中。「移り変わる流行よりも普遍的な美しいスタイルを」「多くの粗悪な物ではなく少しの良い物を」というＳｉｍｐｌｅ Ｌｕｘｕｒｙの哲学で、様々なメディアを通じて人を素敵にしていく新会社「スタイルクリニック」を設立。

干場義雅 http://www.facebook.com/pages/Yoshimasa-Hoshiba/182775121760770

達人たちに聞く

株式会社フジテレビジョン
ドラマ制作センター　ゼネラルディレクター
中江功さん

いわゆる「月9」を始め、数々の人気ドラマやトレンドを作りだしてきた敏腕ディレクター。今でこそ、奥様の誕生日には毎年バラを100本贈ったりと、花贈りがすっかり身についているようですが、実は最初からそうだったわけではなかったようです。ここに至るには数々のエピソードがあったよう。それは…。

――ドラマ「薔薇のない花屋」の前後で、花や花屋についての印象は変わりましたか？

「バラ」はかなり意識するようになりま

したね。あと「花屋さんに悪い人はいないな」と思いました（笑）。花屋って大変ですよ。儲けだけを考えていたらできないですよね。心が優しくないと。花をよっぽど好きじゃないとできない、すごくそう思いましたね。

ドラマが始まってから、美術の花担当が、花をシーンごとに小さいものや大きいものをアレンジしてくれたんだけど、「センスも重要だな」と感じました。

―今まで心に残っている「花」に関するエピソードはありますか？

20年くらい前だったか、ある女優さんの誕生日パーティーに呼ばれたんですよ。当時は僕もまだ若くて、手ぶらで行ったんですが、ある男性のタレントさんが「僕はまだあまり売れてないし、お金もないけれど、そのうち売れるようになったら、１１１本のバラ（女優さんの誕生日が1月11日だったため）を贈りたいと思います。だから、今日は1本だけです」と。格好いいこと言うな、と思ったのを覚えています。あれからかなり年月が経って彼も有名な俳優さんになっているけれど、彼は１１１本のバラを贈ったのかな？（笑）

―プライベートで花を贈ることはありますか？

結婚してから女房には誕生日と結婚記念日に、１００本のバラの花束を贈っています。最初は、真っ赤なバラだけ１００本。最近は、10色のバラを10本ずつ用意して、家に届けてもらっています。たまたま在宅だった時に、僕が受け取ってしまったりすることも。「あらっ、今年は届かなかったわね」と言われる時もあったりしますけれどね。でも、この話をするだけで、女性たちは「素敵！」と目の色が変わりますね（笑）。

―他には、どんな時にどんな花をプレゼントしますか？

女優さんの舞台に持って行く時は「いくつくらいの女性で、こんな色が好きで、大人だけど、かわいい感じの人」とか、花屋さんに渡す人のイメージを伝えます。後で取りに行った時に花を見るのが楽しみですね。「こうきたか」とか、花屋さんのセンスを見られるのは面白い。

―花を贈るのは慣れていらっしゃるようですが、最初から平気でしたか？

そんなことありませんよ。最初に花を贈った時期は覚えてないのですが「花なんて喜んでもらえるんだろうか？」「どう注文していいの？」「希望の大きさを言えばいいのか、予算を言えばいいんだろうか？」など、買う前に結構悩みましたね。

まず最初は三千円で作ってもらって「こんなもんか」と。「五千円くらい払えば、もう少し見栄えがするのかな？」と、次は五千円でお願いしてみたり。ある時に「もう少し大きくなりませんか？」と聞いたら「じゃあ、かすみ草入れますか？」って言われて、できてみたら、「なるほどねー」と感心したり。贈るたびに学習しましたよ。

今では「この花とこの花を入れてください」と自分で選べるようになったし「大きければ大きいほどいい」というわけではないこともわかってきました。

―「花を買うのが恥ずかしい」「花を贈るのが恥ずかしい」という男性が多いのですが、そんな男性はどうしたらよいと思いますか？

まず、自分で買ってみるのもいいんじゃないかな。最初から誰かに渡すのはハードルが高いし、照れるだろうし。とりあえず1本だけ買って歩いていたら、絶対に女性からは「あら、素敵だわ」って思われますよ。

彼女と二人で花屋さんに行くのも新しいデートの形としていいかもしれませんね。彼女にその場で好きな花を選ばせて、小さなブーケを作ってもらい、それを渡して食事に行くとかね。

あと、贈り物で「モノ」はよくあるけれど、「花」って洋服とか貴金属とは違うんですよ。もっと気持ちが伝わりやすいと思う。花は消えてなくなってしまうものだから「花は高い」って思っている人もいるでしょう。でも、**だからこそ、その瞬間の「気持ち」が伝わりやすいいんじゃないかな？ 花一輪だって、十分喜んでもらえると思いますよ。**

もうひとつ、女性からももっと「花が欲しい」「花をもらうとうれしい」というのをアピールしたらいいと思いますよ。だって「花好きに悪い人いない」でしょ（笑）。

Profile

中江功　法政大学法学部を卒業後、1988年にフジテレビジョンに入社。「愛という名のもとに」（1992年）、「ひとつ屋根の下」（1993年）を始め、「Dr.コトー診療所」（2003年）などのディレクターとして、数々のヒット作を生み出した。2001年には人気小説「冷静と情熱のあいだ」の映画化において監督をつとめた。現在はフジテレビジョン編成制作局ドラマ制作センター、ゼネラルディレクター。

達人たちに聞く

ラ ターブル ドゥ ジョエル・ロブション シェフ 朝比奈悟さん

フレンチの名店「ラ ターブル ドゥ ジョエル・ロブション」にて、厨房を率いるシェフ。2013年２月パリで開催されるフレンチシェフの大会「プロスペールモンタニエ」の日本代表シェフとして招聘される実力派。花贈りについて伺うと、精悍な雰囲気からはちょっと意外なほどロマンティストな一面も！　特別な記念日に選ばれるレストランでは、セレブレーションの瞬間にいつも花がある…。極上フレンチと花の素敵な関係を教えていただきます。

―最初に女性に花を贈った時のことを覚えていらっしゃいますか?

すごくよく覚えています。高校卒業と同時に料理人を志しホテルに入社したのですが、当時はバブルの絶頂期で、大変忙しい時代でした。妻とは27歳の時に結婚しましたが、その下積みの大変な時代もずっと支えてくれていました。22歳の時、彼女の誕生日のお祝いに花を贈りたいと思ったのですが、ホテルのレストランの仕事は終わる時間が遅く、花屋さんも閉まっているので、昼間にその花屋さんに行って相談してみたんです。そうしたら、お店の前に段ボール箱を置いて、その中に花束を入れておいてあげるからって。そしてデートの帰り道、大通りに車を止めて、花屋さんの前まで花束を取りに行って、車の中で待っていた彼女にプレゼントしたんです。びっくりしていましたが、すごく喜んでくれましたよ。

花って、贈られた側も嬉しいと思いますが、贈る側も幸せになれる、それがすごく素敵だと思うので、僕は花を贈ることが好きなんです。今でも妻の誕生日と結婚記念日、そして娘の誕生日にも、必ず花をプレゼントしています。

―どんな花を贈られるのでしょう?

僕は花を自分で選びたいタイプ。花の名前を聞きながら買います。そうだ、思い出しました(笑)。どうしてもやってみたい花贈りがあって…。結婚前の話ですが、何十本ものかすみ草の真ん中に赤いバラ一本、っていう花束を贈りました。なぜかは覚えてないんですけど、きっとその贈り方が格好いいな、って思っていたんでしょうね。

―ロマンティストですねえ(笑)。花束を持ち歩くのは恥ずかしくないのでしょうか?

いえ、むしろ昔から花を持つのは好きですね。それも小さな花束じゃなく、長い花束を肩に担ぐようにして持つのが自分に似合うと思っているんです（笑）。しかも色々こだわりがあって、花を包むラッピングの紙はいらないし、手で持つ部分がすっと細い花束がいいんです。

――おおー、そのこだわりは職人さんならではなのでしょうか（笑）。「ラ ターブル ドゥ ジョエル・ロブション」では、記念日やお祝いごとのお客様が多いと思いますが…。

それは毎日のように、お客様がディナーのテーブルでお渡しになる花束が、店の奥にずらりと並びます。お客様のご要望で、どのタイミングでお席にお持ちするかとか、なかにはプロポーズの指輪をお花に仕込んでいたり、色々なリクエストのご相談に乗りますし、100％お応えして演出させていただきます。本当にうちのレストランは、毎日花が溢れていますね。

――すごく素敵ですね！　ロブションさんは女性にとって、ときめきのレストランですね。

フランスでもイタリアと同じように3月8日は「ミモザの日」ということで、ロブション氏自ら女性のお客様にミモザの花をプレゼントします。僕は、女性のお客様に喜んでいただくために、最近は「食用花」を前菜やメイン料理に添えます（写真のプレートは、取材中にシェフがさっと用意してくださったものです）。この花もこだわって産直しているんですよ。料理を五感で楽しんでいただきたい、僕のスタイルにとても合っていて気に入っています。

花のあるスペシャルな一皿で女性の表情も華やぐ、花にはそういう魅力がありますよね。

ラ ターブル ドゥ ジョエル・ロブション

恵比寿ガーデンプレイスの高台に立つ瀟洒なシャトーレストラン。エレガントな佇まいに、誰もが胸を躍らさずにはいられません。一皿一皿に、シェフの思いが込められた繊細で芸術的な料理で、訪れる全ての人をハッピーにしてくれる夢のような空間です。

【住所】
〒153-0062 東京都目黒区三田1-13-1 恵比寿ガーデンプレイス内

【TEL】
03-5424-1338

http://www.robuchon.jp/latable

Profile

朝比奈悟 1969年生まれ。東京第一ホテル、ヨコハマ グランド インターコンチネンタルホテルのスーシェフ、メインキッチンシェフを経て、ジョエル・ロブション氏にその才能を認められ2004年「ラトリエ ドゥ ジョエル・ロブション」スーシェフに就任、同年「ル カフェ ドゥ ジョエル・ロブション」シェフ、2011年6月より恵比寿「ラ ターブル ドゥ ジョエル・ロブション」シェフ就任、現在に至る。国内のみならずフランスのコンクールでも数々の賞を受賞、日本を代表するフレンチシェフの一人である。

達人たちに聞く

ヴァイオリニスト 竜馬さん

あたたかく力強い、そして澄みきった繊細な音色。聴く人の心を魅了する若きヴァイオリニスト、竜馬さんの奏でる音色は、まさにその人柄を映し出しているように感じます。音楽に懸ける夢や、最近の活動で気付いた「花の力」について、きらきらした瞳で語ってくれました。

―ヴァイオリニストになろうと思ったのはいつ頃ですか?

ヴァイオリンは5歳から始めて、ピアノの先生だった母は僕をヴァイオリニストにしたいという夢があって、それを毎日のように聞かされていたら、いつしか自分の夢になりました。小学5年生の時に作文で「ヴァイオリニストになりたい」と書いたんです。世界中の戦争・病気・災害で苦しんでいる人々のところを回って音楽で役に立ちたい。今もその気持ちに変わりはなくて、いつか国連の「ピース・メッセンジャー」になることが目標です。

―花は子供の頃から身近な存在でしたか?

母がピアノを教えていたので、発表会の花などがいつも家にある環境でした。自分も子供の頃からずっと、ヴァイオリンの先生の演奏会や誕生日に花を贈る習慣がありました。先生もとても喜んでくれましたし、母の誕生日には母が好きなかすみ草を妹とプレゼントして喜ばせたり。花が喜ばれるということは、子供の頃からわかっていました。

―とても若いころからプロの世界で仕事をされていて、すでに300本以上のドラマや映画の音楽に携わっていらっしゃいますね。

進学した音楽高校で映画音楽を弾き始めたのがきっかけで、大学一年生の時からスタジオミュージシャンという仕事をさせてもらう機会に恵まれました。かつてはあの葉加瀬太郎さんも所属していたところで、映画音楽やテレビ、アーティストのツアーなど多くの仕事をやらせていただきました。

―ところで、好きな女性もいらっしゃると思いますが、最近、花を贈りましたか?

うーん、それがなかなか（笑）。例えばデートの時にあげたいなと思っても、花束を持っていたら絶対に「あ、持ってきたな」ってわかっちゃうじゃないですか。しかも花束を渡したいけど、渡すと荷物になるから一度渡してまた受け取る…みたいな。どうすれば花を自然に渡せるのか悩んでしまって、なかなかプレゼントできないんです。だからといって家に贈るよりはやっぱり直接渡したいし、とか色々考えちゃって。

でも、それを考えるのも花を贈ることの楽しみの一つだと思います。音楽も似ているんですけど、花もその空間を彩るというか、景色を創るというか、一輪あるだけでその場の空気が変わる。音楽の場合は演奏すれば必ず笑顔になるわけではなく、いろいろ思い出して寂しい気持ちや切ない気持ちになることもあると思いますが、花って悲しい気持ちになることはあまりないですよね。花をプレゼントすると、もうその瞬間にすごい笑顔になる。花にはそれだけのパワーがある、ってすごく感じています。

―東北での活動を通じて、花にまつわる忘れられないエピソードがあると聞きました。

僕が観光大使をしている茨城県の常陸太田市に、震災から10日後にやっと高速が復旧して伺うことができた時の話です。僕のヴァイオリンを聴きたい方が一人でもいらっしゃるならその方の前で演奏いたします、というお話をして、2日間で8カ所回ることになりました。その途中のことです。「演奏のお礼に」と花をいただいたんです。「いやいや、今こんな大変な時に」と最初は遠慮したのですが、「今はこれしかお礼できないから受け取って欲しい」と、それはすごくきれいな鉢植えの花でした。その後、避難所の体育館を訪問して、お菓子・毛布・子供たちが遊ぶおもちゃなど、いろいろお届けしてから演奏をしました。皆さん喜んでいただきましたが、そこは殺風景な青いシートの環境で…。その時思いついたんです。ここに先ほどいただいた鉢植えの花を飾ってみたらどうかと。自分たちはまだ滞在もあって、移動中にせっかくの花を駄目にしちゃうかもしれないので。そこで早速飾らせていただくと、花がポンと一つあるだけなのに、皆さんが想像以上に喜んでくれたんです。食料や服などの支援物資のことばかり考えていたのですが、花をプレゼントすることが、こんな時にこんなにも喜ばれるものなんだと気づきました。僕たちの演奏と同じで、花は衣食住という意味では生活に絶対に必要なものではありません。でもプラスアルファの部分で、心を満たす、心のケアのようなことができる力が花にはある、というのをすごく感じました。それ以降は、別の場所に向かうたびに花屋さんに立ち寄って花をいくつか買って行きました。どこでもすごく喜ばれて、花のパワーすごい！ と思いました。

もう一つ。先日、震災後初めて陸前高田市を訪れました。そうしたらまだがれきの山。何も復旧されていない様子にすごくショックを受けました。町が一面黒、灰色、茶色のがれき色…。お店もないし、町に色がないんですよ。そんな中で、あちこちに自然発生的にコスモスが咲いていたんです。ショッ

クを受けている中で、唯一の色彩だったそのコスモスにすごく癒されたんですよね。花にここまで癒されたと自分が実感したのは初めてでした。そして僕もこのコスモスのように、一筋の光じゃないですけど、自分の音楽が皆さんの生活に寄り添って、笑顔につながるようなことができたらいいなと思ったんです。陸前高田市の方々に「忘れないでほしい」と言われて、僕はまた必ず戻りますと約束しました。東北出身や在住の音楽家を仲間にして、一緒に陸前高田市にフルオーケストラの演奏を届けようということになって、今着々と準備しています。花と音楽にできること…。東北の地であらためて気づかされたことでした。

―昨年から花男子※さんたちと一緒に、男性から女性に花を贈るパフォーマンス活動をされていますね。ご自身の花贈りにも影響ありますか?

スマートに花を買ってスマートに渡すという域にはまだなかなか、経験もまだまだ。でも、スマートがいいということではなくて、それがどんな花だろうが、いくらの花だろうが、気にする必要はないと思います。**男性には愛する女性を想って、まずは花屋さんに一歩踏み出してほしいですね。「花贈り」が、愛する女性の笑顔や、二人の新しいストーリーを作る**ということを、花男子さんとの活動を通じて体感しています。

僕の中では「花=女性」っていうイメージがすごく強かったんですが、男ばかりの花男子さんに出会ってとても新鮮でした。男!? しかもすごく格好いいことをやっているなと思って。花業界、ハートが熱い人たちがたくさんいらっしゃいますよね。花の生産者の方々とお話する機会もあるんですけど、花には一つ一つストーリーがあって、その物語の続き、花を贈る・贈られるというところまでがストーリーなんですよね。花にはそういう想いが詰まっているから、だからそこに笑顔が生まれてくるのかな、という気がするんですよね。

花男子～東三河発「日本一花を作る町は日本一花贈る町」にするプロジェクト

日本一の花生産量を誇る、愛知県の東三河から全国へ発信。「花贈る！　男アガルッ!!」をコンセプトに、男性が花を贈る文化を日本中へ広めているのが花男子です。「花男子パフォーマー」によるフラワーパフォーマンス♪という、まったく新しいエンターテイメント集団。花男子は、花の素晴らしさを伝える伝道師です。

http://www.facebook.com/hanadanshi2011

Profile

竜馬　音楽大学在学中の20歳よりプロ活動を始め、今までに３００本以上の映画・ドラマ・ＣＭなどの音楽演奏を担当。演奏作品は、「海猿２」「ゲド戦記」「西遊記」「ＳＰ」「ＡＬＷＡＹＳ続・三丁目の夕日」「龍馬伝」など多数。自らも「のだめカンタービレ」などに出演。槇原敬之、平原綾香、森山良子、森山直太朗、倖田來未などのアーティストツアーに参加。日本人として日本人らしく、人々の心に何かを届けたいとの想いで、２００８年7月20日より「竜馬」としてソロ活動を開始。日本全国４００箇所７５０公演以上のＬＩＶＥを行い、約12万人以上の観客を動員、「笑顔への架け橋」をテーマに音を届けている。舞台の音楽監督、アーティストやイベントのプロデュース、映像などへの楽曲提供やラジオＤＪ、茨城県常陸太田市の観光大使など幅広く活躍中。

Column 05

ホテルやレストランでの賢い花贈り術

花贈り中級者にもなれば「デート中ずっと花の入った紙袋を持っているのはちょっと…」「会ってすぐ渡すのも味気ない」ということがわかってくるはず。そんな場合のスマートな贈り方をご紹介しましょう。

レストラン編

早めに着いて店員さんに預けておく、あるいは花屋さんやネットショップからあらかじめ店に直接届けておいてもらいます。「食前酒と一緒にテーブルに運んでもらう」「デザートと同じタイミングで」「食後に」など、事前にレストランの店員さんと打ち合わせをすれば、全ては自分の描いたシナリオ通りに上手く運ぶはずです。準備完了、あとは食事と会話に没頭して、彼女のサプライズの瞬間を待ちましょう。

ホテル編

「花屋に寄る時間がない」「花を準備するのを忘れた」など、忙しいビジネスマンなら、そんなシチュエーションに陥ることも少なくないはず。実は大きなホテルには、必ず花屋さんがあります。フロントやコンシェルジェ（お客様担当）に予算やイメージを伝えれば、一瞬のうちに手配完了。あとは希望の時間と場所（レストラン or バー or ルーム）に花が到着。かなりのサプライズに、「デキる！」と女性に思われること間違いなしです。

第6章

座談会・「男の花贈り」ってどうですか?

「男の花贈り」ってどうですか？

女子の本音編

都内某所、会社帰りのOLさん4人に集まっていただき、本音トークの座談会。「男の花贈り」、女子は本音は？　まさにあなたの隣にいそうな彼女たち。今どきの独身大人女子のリアルな声に耳を傾けるべし。

Hさん　29才　イギリス留学中に恋人から赤いバラをもらった経験が印象的

Mさん　35才　茶道の先生のお母様の影響で子供の頃からお花が大好き

Sさん　31才　自分へのご褒美にお気に入りの花屋さんでお花を買う素敵女子

Kさん　31才　カラーが大好き！　結婚したらお花のある暮らしを目指します

―今までに男性から花をもらったことありますか？

（全員）　ハイ！　あります。

―じゃあ、一番印象的だった花のプレゼントは？

（M）　大学を卒業して実家に帰る引越しの時のこと。バイクで実家まで送ってくれた男の子が、送り届けてくれた後しばらくしてからポケベル（笑）で、「もう一回外に出てきて」と。出てみると私の大好きなピンクの花束を渡されて…。近くの花屋さんに買いに行ってきてくれたらしく、すごいサプライズで感激しました。

嬉しくて、
ふら〜となっちゃった。

（司会）その男の子、彼氏とかじゃなかったの？
（M）はい…。えっ？もしかして告白だったの？逃がしたってこと？（笑）
（H）イギリス留学中にイギリス人の男性と付き合っていて、一度日本に帰国してイギリスに戻ると、赤いバラの花束を用意して待っていてくれて…。
（司会）まあ、素敵。最初もらった時どう思いましたか？
（H）イギリスでは、赤いバラは好きな人にしかあげないので、その気持ちがすごく伝わって…。お誕生日やバレンタインにはいつも赤いバラで、愛されてるなーって。
（K）私の場合は10年以上前の話。まだお付き合いするかどうか微妙な関係の頃、駅の待ち合わせ場所に彼が花を持って登場したんです。しかも私が大好きなカラーの花束で！
（司会）お花を渡してくれる時、彼はどんな感じだった？
（K）お花を女性に贈るのは初めてだから、持ってくるのも恥ずかしかったって。そう言われて、嬉しくて、ふら〜となっちゃった。
（司会）友達以上恋人未満の頃でしょ？それがきっかけでお付き合いし始めたとか？
（K）そうなんです。告白のつもりだったみたい。人ごみの中、ロマンチストですよね。
（S）彼からまだ一度もお花をもらったことなかったので、冬に「フラワーバレンタイン」を知ってどうしても欲しくてなって。私はチョコを用意して、彼にはお花を買ってきて、ってお願いしたんです。そしたら赤いバラを買ってきてくれて。
（司会）おねだりした時、抵抗されなかった？（笑）

Real talk of girls

むしろキュンとしちゃうよね。

（S）　それは大丈夫でした。当日「ごめん、待ち合わせに遅れる」って連絡があって、ずいぶん待たされたんですけど…。実は花屋さんが混んでいて遅れたみたいで。すごく嬉しかったです。

―花屋さんで花を買っている男性や、花を持って歩いている男性を見るとどう思う？

（全員）　格好いい！　微笑ましい。それだけで素敵な人だなーって思う。

（M）　スラスラとお花の名前が出てきたら、一瞬「えっ」と思うかもしれないけど、ぎこちなく選んでいる姿はすごくいいと思う。

（K）　スラスラと買っている姿は格好いいし、ぎこちなくしているのも素敵。

（S）　見ている私もハッピーな気持ちになる。

―男性は、花を贈るのは格好いい男の特権で、自分には似合わないから…、って思うみたいなんだけど、どうかなあ？

（K）　あの人カッコ良くないのに、どうしてお花持っているんだろう、なんて絶対に思わない！　普通の男性が持って歩いていると、頑張れ、って応援したくなる。

（全員）　むしろキュンとしちゃうよね。

（M）　この間、上司が結婚記念日って言うので、じゃあ花束ですね、って言ったら、「無理無理、ガラじゃない」って。それってすごく残念。

（全員）　ガラじゃない人がするからいいのにねー。

―男性からこんな風に花を贈られたら嬉しい、理想の贈られ方は？

ガラじゃない人がするからいいのにねー。

（M） 今、伊勢谷友介さんが出ている英会話のCM、あれは格好いい。
（全員） うんうん、絶対プロポーズ受けちゃうよねー（笑）。
（H） 夜景がきれいなレストランにカップルがいて、彼が赤いバラを彼女に渡す瞬間を見たことがあって、すごい素敵だなと思いました。日本での話ですよ。
（S） 小倉優子さんのブログに、毎月10日が結婚記念日で、その度に旦那さんがブーケをプレゼントしてくれる、って書いてあって、すごくいいなーって。記念日を大事にしているって素敵な旦那さんだなと思う。
（M） それってきっと、奥様からの教育ですよね（笑）。
（K） スペシャルな感じも素敵ですけど、ふらっと帰ってきた時に「買ってきたよ」ってさりげなくもらえたら嬉しいかも。
（司会） そんな話を男性にすると「なんかやましいことをしたと思われる」って。
（全員） えー、全 然思わないのに。
（K） 「何かあったの？」って言いながらも、実際は喜んでいるわけですから。
（M） ケンカして謝りたい時とか、ごめんねフラワー、ごめんねブーケ。
（司会） 許しますか？
（M） たぶん…（全員笑）。気分的に嬉しくなっちゃう。
（S） 疲れている時に、「疲れてそうだからピンクの花を買ってきた

Real talk of girls

自分に好意がありそうなら、花は強力な武器になると。

よ」とか。私を気遣ってくれているんだな、って。

（M）　一緒に花屋さんに行って、慣れてもらうっていうのも手ですよね。花屋さんで自分はこの花が好きって、さりげなくインプットするとか。

（S）　彼と一緒にお花屋さんに行った時に、「この花が好きなの」って言ったら、「へぇ。こういうのが好きなんだ」って、興味を示してくれて嬉しかった。

（H）　男友達から「女の子に贈り物をしたいんだけど何がいいかな」って相談された時に、私は花束とかいいんじゃない？　って。でも彼は「切花は枯れて残らないから良くないんじゃないか」って言うんです。

（全員）　うーん、わかってないねぇ。その受け取る瞬間がすごく嬉しいのにね。むしろ後に残らないからいいって側面もあるよね、バッグやアクセサリーと違って（笑）。

（K）　単純に、女性はお花をもらうと嬉しいんです。自分が大切に思っている人がすごく喜ぶことがわかったら、もっと自然に贈れるようになるんじゃないかな。

—彼氏でも何でもない人から突然花をもらった場合はどうですか？

（K）　何かの御礼とか、義理チョコのお返しとかだったらすごく嬉しい。突然何でもない日に、何でもない人からもらったら、深読みしちゃう。私のこと好きだったのかな？　とか。

（H）　もらうのは嬉しいんですけど、それ以上の意味があれば、ちょっと考えちゃう…。

（司会）　例えば自分もフリーで、ちょっと気になっている男性からもらったら？

（全員）　それは超嬉しいですよね。

ミニブーケは嬉しい嬉しい。
その男性、すごく株があがりますよ！

（司会）　男性が交際前の女性への花贈りに失敗しないコツは、まずは二人の距離感を見誤らないこと。自分に好意がありそうなら、花は強力な武器になる、と。

（M）　相手がまだ恋人じゃなかったら、バラは重たいかな？　告白？　って（笑）。

（K）　バラ1本とかってある意味最も特別そうな感じ。小さなブーケなら、友達でもいいと思う。「えっ何？　ありがとう」って素直に受け取れそう。

（司会）　ちなみに受け取らない可能性もあるの？

（全員）　それはありません。とりあえず受け取ります！　お花に罪はないです（笑）。

（M）　自分のために、お花を選んでくれたってことは、ちゃんと受け止めて考えます。お花って、「自分のために選んでくれた」っていう感じがすごくするから。

（司会）　まず、受け取る側も負担に思わない、ミニブーケから始めようってことですかね？

（全員）　ミニブーケは嬉しい嬉しい。その男性、すごく株があがりますよ！

—目の前で渡される時は、メッセージカードはあった方がいい？

（H）　欲しいですね。それに「ありがとう」とか書いてあったら感動します。

（S）　私は気恥ずかしくなるから、ない方がいいかな。

（K）　どっちでもいいですね。特別な時ならあった方が嬉しいし、普段ならなくても。

（司会）　それは汚い字でもいいの？　パソコンで打ち出したりとか？

（全員）　えぇー、それは手書きでしょう！　絶対手書き。

（H）　お花の名前や、花言葉が添えてあると楽しくなる。選ぶ時もそういう気持ち

Real talk of girls

お花って、要するに「気持ち」ですからね。

を込めてくれたのかな、って会話もはずみそう。

―ネットで買う男性も多いようです。自宅に宅配便で届くのはどうですか？

（H）私、宅配でもらったことがあるんですけど、それはそれで嬉しかった。えっ誰から？　みたいな感じで。期待していない時に届いて、誰からだろうってワクワク。

（K）お互い照れずにもらえる。職場とかだと困るけど、自宅なら嬉しいかも。

―よく女性が、ご飯をご馳走になったことはあまり覚えてないけど、花をもらったことは忘れない、って言います。そのあたりどうですか？

（K）たしかに、ご飯をご馳走になったことはほとんど覚えてないですよね。でもお花をもらったことは覚えてます。ちゃんと思い出せる。

（全員）お花はそのうち枯れて残らないものなのに、忘れられない。

（司会）つまり男性は、食事に誘うのもいいけど、印象を残すにはお花をプラスするとか、他はなくともお花をプレゼントすればいい場面もあるわけですよね。

（S）お花って、モノでもなく、食事でもなく、ちょうど中間な感じ。

（司会）そうそう。いいですよね、その中間だけど印象深い存在っていう感じが。

（H）お花って、要するに「気持ち」ですからね。

（全員）ほんと！　その「気持ち」が何よりも嬉しいんですよね。

「男の花贈り」ってどうですか?

男子の本音編

そして翌日、今度は会社帰りビジネスパーソン4人に集まっていただき、男性側のぶっちゃけ本音トークの座談会。この日お集まりの男性たちは一応花贈り経験者たち。「男の花贈り」男性自身にとってはいったいどんなものなのか?経験を総動員して語ってもらいました!

Yさん　34才　結婚3年目。奥様のためにリビングに飾る花を買って帰る素敵ご主人
Mさん　40才　お子様が生まれたばかりのイクメン、最近花を贈ってないなあ…
Sさん　31才　ビジネスにサッカーに忙しいお洒落な独身男性、花贈りします
Tさん　33才　IT関連で起業した若き経営者、独身、でも実は照れ屋さん

Real talk of boys

―ズバリ、女性に花を贈ったことがありますか?

(全員)　あります!

(司会)　おおー、皆さん素晴らしいですねえ。なぜ、花をプレゼントしようと思ったのか、どんなシチュエーションだったのか、そのあたりのエピソードを教えてください。

(T)　実は、本命の女性には、まだ恥ずかしくてあげられないんです。最近、女友達には何気なく渡すことはできるようになったんですけど。

(司会)　なるほど(笑)。女友達には大丈夫なのはどうしてですか?

(T)　社会人になって、女性の先輩の誕生日に、後輩の男たちで花を贈ろうということになったんです。贈ってみたらすごく喜ばれて。「花は喜ばれる」というのがちゃんとわかったのがきっかけです。いろんな反応ありますが、まず嫌がられない、喜んでくれます。

(S)　いくつかパターンがあるんですけど、彼女には、記念日になるべく渡したいと思っています。他にも友達の家に遊びに行く時に、奥さんがいれば奥さん向けに持って行くとか、誕生日会で主役に渡すとか。久しぶりに会う女性に、会話のきっかけとして花を買って渡すことも。友達の奥さんに関しては、大事な友達の奥さんにも「ありがとうございます」っていう意味合いで始めました。

(司会)　それは喜ばれたでしょう。喜ばれるとまた贈りたくなりますよね。

(M)　まだ若い頃の話ですが、当時のガールフレンドの誕生日に花を贈りましたが、「花瓶を持ってない」って言われちゃって…。

(司会)　それ、トラウマにならなかったですか?

(M)　大丈夫です、その後も花贈れています(笑)。

(Y)　自分の意志で初めて花を買ったのは、海外生活が長い会社の同期から「彼女に花買ったりするよ。一輪だけバラ買って贈ったり」って聞いて、こいつ格好いいことしやがるな、と思って。じゃあ一回やってみようと、そのまんまウケウリでバラを一輪贈ったのが最初です。何かの記念日でも何でもない日に。彼女はびっくりしていましたね。

(司会)　奥様はお花好きとのことですが、最近はどうしているのですか？

(Y)　結婚してからは、家に買って帰るようにしています。記念日は必ず買って…。毎日家に花があるのがいいと思うので、なるべく絶やさないように、月2回くらいかな。

(全員)　ワァー、それは素敵ですね。月2はすごい。

(Y)　妻はとても喜んでくれます。

(S)　いいですね。見習いたいです。結婚したら「花」のある暮らしを、ですね。

―花を買うのに「My花屋さん」という存在のお店はありますか？

(Y)　決まっていますね。仕事帰りに買って帰るので、家の近くの駅の店が一番便利、種類も豊富だし。基本自分で選んで買います。女性に贈る時に、万が一困った場合は女性の店員さんに相談します。女性の方が、女性の喜ぶポイントがわかってそうなので。

(S)　近所の花屋さんか、通勤の経由駅構内の花屋さんですかね。

(司会)　最近の花屋さんは、店先に作り置きの花束などがお値段別に売っていますが、皆さんは出来合いの花束を選ぶ？　それとも毎回オーダーメイドで作ってもらいますか？

(S)　自分は後者ですね。行く場所によって映える色にしたいとか、暗い場所なら明るい色にしたいとか、こんな所に行くのでこんな感じにしてください、ってイメージを伝えます。どっちかというと、男性の店員さんの方が伝えやすいかな。

(Y)　僕自身がバラ好きなので、特に理由がない時はバラで。季節の旬の花がある時は、それを買ってみたり。

Real talk of boys

（司会）　季節の花かどうかは知識がいるのでは？
（Y）「本日のイチ押し」っていう感じのポップが飾られているので大丈夫です。
（M）よく利用する花屋さんは、鉢植えが充実しているので、鉢物を買うことも多いですね。母の日や誕生日には、その季節の鉢を贈ります。鉢は長く楽しめるので。
（T）会社近くのオフィスビルの中の花屋さんを利用しています。いつも出来上がった花束を買っています。贈る相手によって色合いだけは考えて、明るい方だったら黄色とか、ピンクが好きそうだったらピンクとか、勝手なイメージで選んでいます。
（Y）昔ながらの花屋さんって敷居が高そうな感じがして入れないんだよね。
（全員）　わかる！

——花を買ったり、贈ったりする今の自分をどう思いますか？

（Y）贈れるようになって良かったなと思う。
（M）楽しいですよ。贈った相手が喜んでくれることを想像して買っているので。
（司会）　昨日、この座談会の女性版があったんです。その時に、花はモノと言葉の中間の存在かなっていう話が出たんですね。モノをあげるのともニュアンスが違うし、言葉がなくても花から何か伝わるものがある。花って要するに「気持ち」だよね、って。
（全員）　おぉー、深い。
（Y）花は、女性に贈っていやらしくなく、贈りやすいのがいいですよね。仲の良い女友達に、感謝の気持ちを伝えるのに、モノって重すぎるじゃないですか。後に残るものだし。花

だととても喜んでくれて、枯れちゃえばお終いやし、っていう気軽さがあると思う。
（司会） いわゆる消えモノですよね。でも同じ消えモノでも食事をごちそうするのとも違いますよね、花贈りって。
（T） 女性って、かなり奮発して食事をごちそうしても後々あまり覚えてないらしい（苦笑）。でも、喜ばせたいなら「花」っていう選択肢があって。贈った時に喜んでもらった経験から、意外といいぞ、ということがわかって。花は覚えててもらえるし（笑）。

――恥ずかしくて花が買えない方は、どうしたら買えるようになると思います？

（T） 買うことは、買いやすいお店「My花屋」があれば買えるようになると思います。実際は渡す方が恥ずかしいですね。会った時はもう持っていることがバレちゃってますから。渡す時は、袋からあまり出さないようにしています。
（M） 買うきっかけ、という点では、事前に「お花が好き」と言われていると、自然とプレゼントの選択肢の中に入れられる。花屋さんも「女性は花が好きですよ」って、もっとアピールしてもいいと思う。
（Y） 贈った自分の方もびっくりするんですよ、想像以上に喜んでくれることが多くて。「贈られたらとても嬉しいんだよ」ということを、男がもっと知るべきだと思う。
（S） きっとイベントの時なら買えるんですよね。誰もが花を渡していいんだ、という時は準備できるんですよ。おそらく、ドラマや映画で特別な時に渡すシーンばかりを見て育ってきているから、特別感が出てしまうんじゃないでしょうか。

Real talk of boys

(司会) 海外のように、普通に、さりげなく、ちょっと会ったりする時の挨拶代わりの一輪とか、そういう花の贈り方を学ぶ機会がないですもんね。
(S) ヨーロッパで男性が普通に女性に花を渡しているのを見た時に「あ、いいな」と思ったんです。子供たちが道端で売っている花をパッと買って彼女に渡して。街中のどこにでも花があるから見られる光景なんだろうけど、そういうの日本にはないですよね。
(司会) 男性から見て、花を買ったり、持って歩いている男性ってどう映りますか?
(全員) カッコいい! デキるなって思います。
(Y) 今年のバレンタインの時、とある駅の花屋さんで、花を買うとは想像つかないおじさんが、出来上がっているブーケを物色していて、素敵だなというか、いじらしいような気持ちになりました。頑張るなぁ、って。
(S) 昔は恥ずかしかったですよね。花を持っている男性、すごいなって。どこでどう大人になったのか。やっぱり「喜んでもらえる」というのがあったからじゃないかな。

―花を贈る時にどんな言葉を添えますか?

(S) 一度しか言ったことないですけど…、「花よりキレイだよ」って(照)。
(全員) おぉー、すごい! 素晴らしい! 格好いい!
(T) 花を持っているのはバレバレなんで、会ってすぐに「これ、ちょっと買ってきたからあげる」って渡しちゃいますね。恥ずかしすぎるんで。
(Y) 普段は「今日はありがとう」って感じです。ちょっとしたプレゼントなら、花束を作っている間にお店でくれるカードに一言書いたりもします。記念日に妻に渡す時は、手紙を添えるようにしています。

(S) Yさん、女子力めっちゃ高いじゃないですか! 手紙なんてすごすぎる!

—女性は花言葉を気にするようですが、皆さんはあまり気にしてないですか?

(T) 花言葉は苦手。そもそも花言葉で選ぶという行為がベタすぎて恥ずかしい。

(M) 花言葉で選んだ時は、渡す時に花言葉を伝えるんですかね?

(Y) 照れながら言って、笑いで締める。そのままでは恥ずかしすぎる(笑)。

—「理想の花贈り」とは? あと、自分が贈られるとしたらどんな風なら嬉しい?

(Y) 妻にいつまでも好きなバラを贈り続けられたらいいなと思います。

(T) お洒落なホテルの部屋に入ったらお花がいっぱい、っていうのもやってみたい。

(M) 男って、もらう時は、もらうモノの背景の話とか好きなんですよね。この花は、どこの生産者がどういう思いで作ったとか、そういうのが付いていると、ほう! となる。でも、女性はそんな話はあんまり好きじゃないですよね?

(司会) ストーリーが素敵なら、自分のために選んでくれた、ってすごく嬉しくなりますよ。

(S) ホテル、お風呂、バラの花びらが一面に…みたいな(笑)。特別な時に一回ぐらいやってみたい、やってあげたい、かな。もし自分がもらうとしたら、20年後、30年後、もっと大人になって、会社を辞めるとかの区切りの時に、奥さんから「あなたの生き方」と花言葉を結び付けて贈ってもらえたら…。そんな風に贈ってもらったらぐっとくるな、きっと。

Conclusion

人の記憶とは実に不思議なものです。
音楽、香り、そして花…、瞬時に思い出がフラッシュバックしますよね。長い、長い歳月の中で人間のDNAにそのように刷り込まれているのでしょうか。楽しかったこと、切なかったこと、幸せな記憶も、ほろ苦い記憶も連れてきてくれます。
「人と花」との関わりで言うと、太古の昔のネアンデルタール人にまで遡ります。ネアンデルタール人の墓跡の周りには、花を添えていたことがわかる花粉が残っているそうです。花は、おそらく人類の最も原始的なプレゼントだったのではないでしょうか。
花を贈る。言葉にできない気持ちを花に託す。それはすごく人間らしい、自然な行為と言えます。そんなふうにシンプルに考えると、花贈りは特別なことではないと感じます。

イタリアに伝わる「口で言えないことは、花で言う」ということわざは、花贈りの本質を表していると思います。こと日本人の愛情表現において、男性はよく「言わなくてもわかるだろう」と言い、女性は「言ってくれなくちゃわからない」と言います。他愛のない話ですが、そんなすれ違いを瞬時に埋めてくれる存在が、まさに「花」なのではないでしょうか。
そう、花は心を通わせるコミュニケーションツールなのです。

私たちは「フラワーバレンタイン」という活動を通じて、「男性から女性への花贈り」を応援しています。これはあくまで、男性が女性にもっと花を贈るようになる〝きっかけ〟作りであり、バレンタインデーに花贈りの素晴らしさを体感した男性が、もっともっと花を贈るようになってほしいと願う、新たな文化創造の第一歩だと考えています。

浸透するには、多少時間が必要でしょう。でも、人と人とのコミュニケーションに花が登場するだけで、たくさんのハッピーな物語が生まれることを私たちは知っています。男性が女性に花を贈り、女性がリビングに花を飾る。食卓が明るくなり花から新しい会話が生まれ、花がある暮らしっていいなと感じて花をよく飾るようになる。そしていつも家庭に花がある環境で育つ子供には豊かな情緒が育まれる。記念日に父親が母親に花を贈る姿を見て素敵だなと感じて、いつか自分も愛する人に花を贈ろうと思う…。花がもたらすかけがいのない笑顔が、人生の幸福そのものであることを、きっとおわかりいただけると思います。

日本が世界に誇る花たちで、新たな花贈りの文化を築くことができたなら、それは未来の子供たちへの素敵な贈り物になるでしょう。花が、この世の中をより心豊かなものに変えていくのです。花にはそんな力があると信じているのです。

フラワーバレンタイン推進委員会　ワーキングチームを代表して　小川典子

Be flower Be mine ♥

Flower Valentine

「フラワーバレンタイン」とは

本来のバレンタインデーの姿である〝男女がお互いにＬＯＶＥを伝え合う〟という美しく温かいコミュニケーションを、花き業界がフラワーギフトを通じてお手伝いしようと、花関係者の有志により推進委員会が編成され、２０１０年秋より活動がスタートしました。

世界のバレンタインデー同様、日本でも「男性から女性に花を贈る」習慣の定着を目指し、全国約２万４千店の花店のうち約８千５百店が参加。また花店のみならず、全国の生産者、市場など流通各社も組織を横断して協力し、統一のポスターや商品タグを用いて販売促進に取り組む、業界初の一大プロモーションになります。

活動初年度より、多くの異業種企業の賛同を得て、首都圏はじめ全国各地で、商業施設やメディアとタイアップしながら、告知イベントを実施しています。

女性の消費が中心の日本独自のチョコレート文化を尊重しつつも、形骸化するバレンタインデーをあるべき姿にしていくことで、より世界標準を志向するスタイルにフィットすること、春の訪れを告げる花のイベントがお客様に喜ばれること、身近な人々との絆を何よりも大切に考える時代の気分に合っていること、そして何より、「男性から女性への花贈り」が多くの方に素敵だと心から共感されること……「フラワーバレンタイン」は今の日本が求める、コミュニケーションのひとつの理想形だと考えます。

フラワーバレンタイン公式サイトより
「フラワーバレンタインとは」

フラワーバレンタイン２０１３
ポスタービジュアル

フラワーバレンタインについて
詳しくはこちら

フラワーバレンタイン　検索

www.flower-valentine.com

webサイト　http://www.flower-valentine.com

Facebookページ　https://www.facebook.com/flowervalentine

HOW TO 花贈り
気持ちを花にのせて

著者
小川典子・拝野多美・松村亮佑
（フラワーバレンタイン推進委員会ワーキングチーム）

装丁・本文デザイン
大塚さやか

DTP 制作
プリンツ 21

イラスト
幡地奈津子

撮影
吉原重治・佐々木俊宏・田中雅也・笹野忠和

編集協力
フラワーバレンタイン推進委員会

Special Thanks
座談会に出席してくださった皆様 & 坪尻隆宏

編集
田中幹男（朝日出版社）

発行者
原雅久

発行所
株式会社朝日出版社
〒101-0065 千代田区西神田 3-3-5
tel.03-3263-3321 fax.03-5226-9599
http://www.asahipress.com/

印刷／製本
凸版印刷株式会社

2013 年 2 月 14 日 初版第一刷発行

ISBN978-4-255-00700-7 C0076